万卷·人物

凉月满天

著

行到水穷处，坐看云起时

王维诗传

北方联合出版传媒(集团)股份有限公司
万卷出版有限责任公司

图书在版编目（CIP）数据

行到水穷处，坐看云起时：王维诗传 / 凉月满天著
. — 沈阳：万卷出版有限责任公司，2024.2
（万卷·人物）
ISBN 978-7-5470-6386-6

Ⅰ．①行… Ⅱ．①凉… Ⅲ．①王维（699—759）—传
记②王维（699—759）—唐诗—诗歌欣赏 Ⅳ.①K825.6
②I207.227.42

中国国家版本馆CIP数据核字（2023）第202926号

出 品 人：王维良
出版发行：北方联合出版传媒（集团）股份有限公司
　　　　　万卷出版有限责任公司
　　　　　　（地址：沈阳市和平区十一纬路29号　邮编：110003）
印 刷 者：辽宁新华印务有限公司
经 销 者：全国新华书店
幅面尺寸：145mm×210mm
字　　数：220千字
印　　张：10
出版时间：2024年2月第1版
印刷时间：2024年2月第1次印刷
责任编辑：朱婷婷
责任校对：张　莹
装帧设计：Amber Design 琥珀视觉
ISBN 978-7-5470-6386-6
定　　价：39.80元
联系电话：024-23284090
传　　真：024-23284448

目录

1

序 言

读王维的"行到水穷处，坐看云起时"，能看到繁华歌吹以外，水穷云起之中，一个美而孤独的影子。

一个上天眷顾的影子。长得美。心思纤细。一生少波浪，波浪在心里。

少见他纵声狂啸，也少见他放声长笑，少见他涕泗横流，也少见他气昂昂头戴簪缨。

别的人喜欢一大帮子人热热闹闹，吹笛弹筝，他喜欢一个人焚香，默坐，弹琴，读经。

他最大的热闹，也不过和密友一个，携手看看山水，回来各自作作诗。

也许雅鲁藏布江有源头，长江黄河有源头，但所谓水穷处，根本不是指这些，它只存在人的心里，而风生水起，也只停留在人的心际。喧哗热闹的一群人，永远也到达不了那里。

只有一个人的时候，心境宁静下来，想起白云苍狗，好些个世事悠悠，孤独泡在宁静里，像一块澄净的碧玉，清浅得可以一视到底。

如果"行到水穷处，坐看云起时"是一种生活状态，它应该是什么样的呢？

它应当不是成群结队地登山涉水，也不是几个人哗啦哗啦打麻将，你赢了，我输了，一个眉开眼笑，一个连骂手气背。这样热闹的生活，听着，看着，玩着，乐着，不知怎么就感到厌倦了，时间漫长得度不过去，看看窗外，天还不黑，太阳无趣地挂在那里，那么多时间等着我们去浪费啊，唉，真烦，真累。

它应当是一杯清茶，两三页书，或在冬日晴晴暖暖的阳光下散散步，淡然的心境中想起很多人和事。当初觉得不可逾越的鸿沟，现在回头，也不过一道小小的水渠，轻轻一迈，就能过去。假如真的门外有山，心里有梦，手中有闲，也许真就随随便便出了门，就那么溜溜达达融进山水无边里，行到水穷处，坐看云起时。

两旁野草闲花成了知己，天上有流云，地下有流水，心里既不觉寂寞，又没有疲惫、厌倦和无聊了，也没有累了。那就回来，拂尘就榻，无所用心，且睡上一觉，不觉天黑。

每当想起王维，想象中的他，就是过着这样的日子。

虽然明知道他也经历过人世苦楚，爱恨别离，但是，眼前却总是会浮上一个山水间的影子。

没有强烈的爱恨情仇，没有暗黑的阴谋诡计，没有壮志不得酬的力竭声嘶和泪飞三千里。他把一生活成诗："行到水穷处，坐看云起时。"

本书以王维的生平为经，经历为纬，诗篇为引，织就一幅王维的画像，画像中他目光淡然，看向这个他深感陌生的现世，用他的诗篇抚慰我们鼓噪不安的心思。

第一章

维摩诘也

木末芙蓉花，纷纷开且落

辛夷坞

木末芙蓉花，山中发红萼。

涧户寂无人，纷纷开且落。

木末芙蓉花，指的就是辛夷。其花初出，尖如笔锥，又称木笔。其大如莲，白者名玉兰。紫花六瓣，瓣短且阔，形亦似莲，莲花又叫芙蓉，因辛夷是树头开花，所以又叫木芙蓉。

初春时节，到处都仍旧一片寒冷枯落，辛夷却已经绽开了鲜红的花萼。开得这样鲜明，为的是要耀花人的眼，要晃荡人的心神吗？又不是的。因为它只是开在山里，开在涧边，开在寂寥无人处。开也没人晓得，落也没人晓得。只有它自己，纷纷地开且落。开花竟然也是这么寂寞的一件事呢。那，不开花好不好？不好。因为是它自己想开的。

一颗心愿意在暗夜里绽放，愿意在无人处凋落。起码它在寒凉的空气里挣动过了，追求过了，热烈过了，开过了，落过了。

圆满了。圆满也圆满得寂寞。

唐朝是个大胖子。——以各朝各代给后人的形象而论，秦朝兵戈杀伐，面容肃然，是个抢掠攻伐无度的壮年汉子；汉朝宽袍广袖，又儒又仙；唐朝雍容富贵，大腹便便；宋朝瘦骨窄衫，规行矩步，不敢越出方圆。不光是说唐人以胖为美，而是说就大唐的体量而言，它就是一个大胖子。食性杂，吃得多，来者不拒，在思想风潮方面也是如此。李渊建国大唐，登基称帝。为了表示家运昌隆，为天选之子，认了皋陶为李家第一代先祖。皋陶，辅佐过尧舜禹三代君主，主管司法的大贤人和大能人。苏轼考进士的时候，还写过有关皋陶的典故："当尧之时，皋陶为上，将杀人，皋陶曰杀之三，尧曰宥之三。故天下畏皋陶执法之坚，而乐尧用刑之宽。"说得有来有去的一段故事，其实是他杜撰的，而且竟然凭此取了进士。请门师的时候，有熟读三坟五典的老儒问他："你那段杀之三，宥之三，是从哪本书里看来的呀？"苏大才子居然说："想当然耳。"虽然是想当然耳，但是皋陶的贤与能必定是流传后世，深入人心。李唐的第二代先祖，则成了李耳，就是老聃。——就是老子，道家始祖。如此一来，道教自然就成了大唐国教。

但是，道教却不是大唐唯一允许存在的宗教。比如波斯人琐罗亚斯德在前 6 世纪时创立祆教，又称火祆教、拜火教，唐代长安就有三座祆教寺院。洛阳、凉州、沙州这些地方也有祆教寺庙。还有波斯人摩尼在 3 世纪创立的摩尼教，又称明教。长安的大云光明寺，就是摩尼教的著名寺庙。还有伊斯兰教，长安、广州等地都有清真寺。据说是先知穆罕默德的舅舅带着《古兰经》到中国来传教，受唐太宗的重视，在长安建起大清真寺。景教则是基督教的一个支派，由叙利亚人聂斯脱利创立。唐太宗发布诏令，准许建立景教教堂。到唐高宗时，景教广为流传。到唐玄宗时，玄宗还亲自为教堂题写匾额。到德宗时，德宗还为景教立碑纪盛。

除此之外，还有一门宗教，可以和道教分庭抗礼。——佛教。唐三藏西天取经，就发生在唐太宗李世民的时代。《西游记》里演义出一段唐太宗送行唐三藏的故事，讲说他认了三藏做御弟，就连"三藏"这个号也是皇帝给取的，且又亲执素酒一杯，请三藏饮了，权作送行。唐三藏接了酒，方待要饮，只见太宗低头，将御指拾一撮尘土，弹入酒中。三藏不解其意，太宗笑道："御弟呵，这一去，到西天，几时可回？"三藏道："只在三年，径回上国。"太宗道："日久年深，山遥路远，御弟可进此酒：宁恋本乡一捻土，莫爱他乡万两金。"三藏谢恩饮尽，辞谢出关。从此一路的千辛万苦，一路的千难万险。当时小乘佛教于中土已经有了，三藏为的是求大乘佛法。小乘也好，大乘也罢，其实就是为的追求更高一层的精神境界罢。他为世人求，也为自己求。

每个有追求的人，都不辞千辛万苦，不谢千难万险。别人理解不理解的，没什么大要紧，木末芙蓉花嘛，山中发红萼嘛。涧户寂无人嘛，纷纷开且落嘛。

歌德说："在这个躁动的时代，能够躲进静谧的激情深处的人确实是幸福的。"事实上，无论哪个时代，都是躁动的，无论哪个时代，肯并且能够躲进静谧的激情深处的人，都是幸福的。

比如王维。

雨中山果落，灯下草虫鸣

秋夜独坐

独坐悲双鬓，空堂欲二更。

雨中山果落，灯下草虫鸣。

白发终难变，黄金不可成。

欲知除老病，唯有学无生。

　　写这首诗的时候，王维已经世味尽尝，荣耀过，磨折过，颠沛过，苦痛过。及至老来，两鬓斑白，灯下枯坐，秋夜空堂，堪堪将要二更了。

　　外边的秋雨没完没了地下着，山树上挂的野果不时扑扑地落下，发出闷闷的声响。灯下听秋虫鸣叫，一声声，把夜叫得更长。已经白了的头发能黑回去吗？已经过去的光阴能回来吗？想要不老不死，所以想炼丹药，可是丹药至今未成啊。罢了罢了，想要消除进逼眼前的衰老和病痛，还是学着修佛吧，只有佛家的世界，才是能够不灭不生的。

　　——他这首诗，可真是暗合了《般若波罗蜜多心经》的意思了。

而《般若波罗蜜多心经》，就是唐三藏翻译过来的。

贞观十七年（643年）春，玄奘携带657部佛经，取道今巴基斯坦北上，经阿富汗，翻越帕米尔高原，沿塔里木盆地南线回国，两年后回到首都长安。西行取经路，行程五万里，历时十九年。他携大、小乘佛教经典回长安后，召集高僧组成译经场，译出经、论75部，凡1335卷。唐太宗幸运地成了《摩诃般若波罗蜜多心经》中文版第一位读者和受益人。虽然苦学道人炼丹求长生却仍旧不能阻挡死神来临，玄奘为了缓解皇帝痛苦，加紧翻译。

有了大唐皇帝的亲自站台，佛教在唐朝想不兴盛都难。就像一汪碧水开红莲，开白莲。鱼戏莲叶东，鱼戏莲叶西，鱼戏莲叶南，鱼戏莲叶北。有条鱼的名字叫王维。

檀香炉和盖

杂诗三首·其二

君自故乡来，应知故乡事。

来日绮窗前，寒梅著花未？

我的朋友啊，你从故乡远道而来，想必对于故乡多有了解，可以说一说故乡情境，安慰一下我这他乡游子。比如说你来的那天，绮罗窗下，一树寒梅，有没有绽放花枝？

一首明白如画的小诗，短短的二十个字，游子的思念如鱼，轻啄光阴的水面。不过，这首诗也可以作另一个方面的理解。比如说过去的光阴，比如说来处，比如说生命的起始与最终之地。

701 年（一说 699 年，一说 700 年），王维生在山西蒲州的一户人家。王维祖籍山西祁县，父亲做官调任，来到这里。王维降生后，父亲给他取名"维"。古人的名与字是一个人穿在身上的衣裳，分为两层，字是外表，名是内里，所以人们通常称字为"表字"。名与字一内一外，相映生辉。比如岳飞，名飞字鹏举；张飞，名飞字翼德；曹操，名操字孟德。《礼记·曲礼》上说"男子二十冠而字","女子十五笄而字",就是说，男子二十岁行冠礼，女子十五岁行笄礼，此时才会加上字。此前一直是只有一个姓名。到了成年的时候加的"字"，寄托的是家里亲人对他的期望，或者是对于他的个人心志的反映和总结。

唐朝也是这样的规定。那么，王维字"摩诘"，这个字应该不是他一出生父母就给他取的。王维长大之后，行冠礼，取字"摩诘"，恰好和他的"维"字形成了"维摩诘"这个很佛性的称呼。"维"，梵文之意是"没有"，"摩"是"垢"，"维摩诘"即"无垢称"。

人生在世，脚踏凡尘，想要无垢，何其难也。每个人甫一降生，都如同亚当和夏娃的状态，渴了想喝，饿了想吃，不是哭就是笑，不是醒就是睡，何曾有过哪怕一点儿的尘世价值标准萦绕在心。他会天然地依恋父母，把父母当成全世界。这个时候，父母抱着小婴儿去登山，告诉他这是山，他就会知道这是山，告诉他这是水，他就会知道这是水。随着他一天天长大起来，心里有了欲念，被世俗的价值标准捆绑和浸染，也许他看山的时候，想的是和朋友相处得愉快，看水的时候，想的是哪一个美丽的女孩。这个时候，山在他眼里不再是山，或者他看不见近在眼前的山，也看不见近在眼前的水。——这是每一个凡俗人等生活在世间的最为标准和普遍的状态。

然后，孩子开始判断和区分他的爸爸是穷爸爸还是富爸爸，他的妈妈是漂亮的妈妈还是丑陋的妈妈。他开始学着把一切划分为好和坏、美和丑、上和下、黑和白。如果他的智慧不加增，也许他的一辈子都会困在这个二元对立的世界。如果他的智慧加增，也许就会一步步地有了明悟，知道世界无上无下，无黑无白，无他无我，无内无外。摆脱掉尘世的价值取向和衡量标准，又重新看山是山，看水是水，看娘是娘，看爹是爹。

——到了这一步，就到了"维摩诘"。

一个人的名字对于一个人的影响，是长久而细微的，如同檀香炉里燃着的香，散发的袅袅的香气，可以熏沐，可以染衣。

而王维的家庭氛围中，原本佛教的气氛就很重，如同檀香染衣，他自来的就熏染上一身佛性，所以长大后以"摩诘"为字，名和字简直就是严丝合缝，如檀香炉和盖。

黄雀痴

黄雀痴

黄雀痴，黄雀痴，谓言青毂是我儿。

一一口衔食，养得成毛衣。

到大啁啾解游飏，各自东西南北飞。

薄暮空巢上，羁雌独自归。

凤凰九雏亦如此，慎莫愁思憔悴损容辉。

黄雀痴，黄雀痴，看啊，眼前的这些青色雀雏，都是我的儿女。我一口一口地衔食来喂，养得它们从光屁股小鸟，到长全了一身的毛衣。它们的翅膀硬了，就晓得了往外飞，扑棱棱全都飞远，一个个飞到东西南北。到得晚来只有我和它们的妈妈，回到空荡荡的巢里。凤凰生下凤雏，也是这么个经历，啊，算了吧，别再发愁了，白白地减损了自己的容辉。

这是王维写的一首杂言诗，道尽天下父母的辛酸常态。王维是家中长子，彼时父母尚且年轻，如花萼初发，心思乍开，对于第一个满抱的孩子，有着最大的惊奇与喜爱。他的父母好福气，称得上是绵绵瓜瓞，此后弟弟妹妹一长串：二弟王缙、三弟王绅、四弟王纮、五弟王纨。还有一个年纪最小的小妹……

据考证，王维的出身是著名的太原王氏。太原王氏源自姬姓，因为出自周朝王室，被当时的人叫作"王家"，所以干脆以"王"为姓。欧阳修《新唐书》云："王氏出自姬姓。周灵王太子晋以直谏废为庶人，其子宗敬为司徒，时人号曰'王家'，因以为氏……"王氏后来分为两支：太原郡祁县王氏与太原郡晋阳县王氏。王维出自祁县王氏，上可追溯至东汉司徒王允，就是《三国演义》里收貂蝉为义女，玩一出美人计，离间董卓和吕布，使得父子反目，吕布杀掉了董卓的主使。虽说到了隋唐，科举制使寒门有了出头之日，豪门世族大家的势力渐趋衰微，但是，门第仍旧为时人所重。王维的曾祖父、祖父和父亲三代为官，王维的父亲王处廉官至汾州司马。

历朝历代的婚姻都讲究门当户对，王维的父亲娶的是同样是大家族出身的崔氏为妻。王维的母亲崔氏想也是受过教育的，会读书识字，而且有自己的思想境界和追求。所以，后世有人说王维的与佛结缘，最初是来自于母亲的信仰之力。

论起出身来，王维和同时代的杜甫有颇多的相似之处，杜甫的家族也是源远流长。

杜甫一出生就是官十三代——这是从西晋杜预时候论的。其实他的祖先可追溯至尧帝。作为尧帝的直系后人，周朝时被周成王封地于杜城，汉代时杜城改名为京兆杜陵县，所以杜家自称"京兆杜陵人氏"，杜甫也自称"京兆杜甫""杜陵野老"。

西汉有一个叫杜周的。西汉杜周，得汉武帝赏识，任御史中丞十余年。

杜周之子杜延年，西汉麒麟阁十一功臣之一。他是三国时期杜畿的祖上。

杜畿在河东郡当了十六年太守，史书评价他的政绩"常为天下最"。

杜畿之子杜恕，东汉及三国时期任幽州刺史，加建威将军、使持节、护乌丸校尉，曾经还当过赵国相。《三国志·杜恕传》说的就是他。他还和司马懿是亲家。

杜恕之子杜预，西晋著名将领和学者，参与晋灭吴之战，当时晋军中便流传这样一句歌谣："以计代战一当万。"《晋书·杜预传》说他："公家之事，知无不为，凡所兴造，必考度始终，鲜有败事。"

杜预少子杜耽，是晋凉州刺史。

杜耽之子杜顾，是晋西海太守。

杜顾之子杜逊，是东晋的魏兴太守，三品官。

杜逊之子杜灵启于史无载，恰好是南朝时期，社会动荡，个人想留下点什么来，难。

杜灵启之子杜乾光，做过齐司徒右长史。

杜乾光之子杜渐，做过梁边城太守。

杜渐之子杜叔毗，官位做到了北周硖州刺史。

杜叔毗之子杜鱼石，当过河内郡司公参军，后当了嘉县令，也是一把手。

杜鱼石之子杜依艺，当过监察御史，后任河内巩县县令，最后老死在县令位置。

杜依艺之子杜审言，学过中国古典文学的都知道他。他是唐代"近体诗"的奠基人之一，五言律诗格律谨严。

杜审言之子杜闲，做过奉天县令，又做过正五品下的朝议大夫与从五品下的兖州司马——他是杜甫的父亲。

千年士族，几乎代代为官。

其实不用说古代，现在人修族谱的极多，有家族祠堂的极多。没有谁不想追本逐源，不想有一系列有名气有本事的祖先，然后自己与有荣焉。

王维家也好，杜甫家也好，都是以先人为傲的，然后他们却不知道，他们活成了他们的先人甚至都超越不了的模样。

他们江湖飘零，哺育他们长大的父母，就变成了空巢黄雀。

谁不是把生命的时光撕成片段，谁不是让片段把流浪的路途撒满。不知道哪个旅人会拾起它细看，一片看见是幸福，一片看见是苦难。

如今，王维的幸福和苦难已经启程。

安知不是梦中身

疑梦

莫惊宠辱空忧喜，莫计恩仇浪苦辛。

黄帝孔丘何处问，安知不是梦中身。

不要因为一时的受宠和受辱就凭空地忧虑欢喜，不要那么辛苦地计较恩与仇、得与失。你看黄帝和孔丘，他们那么了不起，如今又在哪里？你怎么知道世间一切是不是梦中的一场经历？

王维的这首诗题本身就是特别的颓丧和佛系。在佛家的思维里，人生本身就是一场空花幻影。《碧岩录》里有一节南泉普愿禅师的公案：

陆亘大夫与南泉禅师语次，陆云："肇法师道，天地与我同根，万物与我一体，也甚奇怪。"南泉指庭前花，召大夫云："时人见此一枝花，如梦相似。"

王维九岁这年，父亲王处廉在任上病逝。青雏尚幼，黄雀先去了。这个家的支柱倒了。封建社会男尊女卑，所谓男主外、女主内，这本身就是很不平稳的一种家庭结构。就像一个大头娃娃，细胳膊细腿，抗击打能力极弱。比如一个务农的家庭，男子中途去世，弱女子就无法生存，所以孤儿寡母的日子一向悲惨。比如一个经商的家庭，男子离世，女子也会活得歪歪倒倒，又不会做生意，日子就过不下去。比如一个做官的家庭，全凭着这个做官的在官场上的经营。经营得好了，整个家族就有烈火烹油之盛；经营得不好，或者免职，甚或获罪抄家，男子远远发配，女子发卖为奴为婢，乃至于满门抄斩也不是稀奇的事。若是中途去世，家里的顶梁柱倒了，孤儿寡母的日子就过不下去。在任上时，孩子称得上是公子王孙，一朝势败，儿子娶不到门当户对的妻子，女儿嫁不到门当户对的门楣。恰所谓"势败休云贵，人亡莫论亲"。

一花一世界，世界里有生死荣枯；一叶一菩提，菩提里有离恨爱合。佛家眼中，尘世生涯，火中熬煎，春秋大梦，一场荒唐。

如今，王维一家就在经历着命运的起承转折。其时他还是一个小孩，对于佛门真义并没有深刻的理解，更遑论经过了什么，又看破了什么。

不过人生际遇的冷风冷雨打在身上，生成了他日后佛性的土壤。就好比说，将来有一天，他偶然想起此时情势，除了刻骨铭心的世态炎凉，也许还能忆起庭园里那些树木，栏杆，藤墙，积雪，眼前似是见得着白雪压着风干的枝头花在月色和寒风里颤动，那一刻，心里或许有疼，或者怅惘。

结出一个诗佛

谒璿上人

少年不足言，识道年已长。

事往安可悔，余生幸能养。

誓从断臂血，不复婴世网。

浮名寄缨珮，空性无羁鞅。

夙承大导师，焚香此瞻仰。

颓然居一室，覆载纷万象。

高柳早莺啼，长廊春雨响。

床下阮家屐，窗前筇竹杖。

方将见身云，陋彼示天壤。

一心在法要，愿以无生奖。

王维作这首诗的时候，据考证是在开元二十九年（741年），当时他已经四十来岁了。

璿上人是禅宗的北宗禅师普寂的弟子——王维的世界观已经和佛家教义融合，是一名纯正的佛弟子。他小时候对于佛教就十分亲近，因为他的父母都崇佛。王维的父亲去世后，母亲崔氏深感人世无常，对于佛教的教义也越发接受深透。她也有学佛的师父，而且这个师父很有来头，是神秀的弟子。北魏时期，菩提达摩一苇渡江，来北方传授禅法。他是禅宗初祖。此后禅宗法门，禅师众多，递相传承：达摩传慧可，慧可传僧璨，僧璨传道信，道信传弘忍，分别为禅宗初祖、二祖、三祖、四祖和五祖。到了弘忍这一代，为了寻找法脉传承人，一日唤诸门人前来，让他们各作一偈，看各人智慧。若悟了佛法大意，即传他衣钵，为禅宗六祖。众人都把目光看向弘忍的首座弟子神秀，因为知道他优异，个个都无竞争之心。神秀果然也不负众望，在墙上书写一偈：身是菩提树，心如明镜台。时时勤拂拭，勿使惹尘埃。众人一嗡声地叫好，又赞叹不绝。

这阵仗惊动了禅院里的一个伙头僧惠能。这个惠能，少孤，家贫，卖柴为生。一日在集市上听见人诵《金刚经》中的一句"应无所住而生其心"，当下心有所悟，于是赴五祖处学法。五祖说他不可学，因为他不识字，惠能说不识字是眼瞎，又不是心瞎，众生平等，他怎么不能学了。于是五祖留下了他，打发他去厨下春米。这天，他正春着米，听人喃喃地念诵神秀的这个偈子，他说："了则了矣，空却未空。我也有一偈，劳烦你帮我写一下。"于是，那人就真的替他写了一偈在壁上："菩提本无树，明镜亦非台。本来无一物，何处惹尘埃。"

此偈一出，众人皆惊。唯五祖弘忍用鞋子擦了此偈，说："亦未见性。"谁想，第二日，五祖悄悄到了惠能碓米的作坊，用杖敲击石碓三下，然后离开。当天夜里，三更鼓时分，惠能入弘忍禅室，五祖展开袈裟，遮围二人，屏蔽灯光映窗，为他说《金刚经》。此后，五祖打发惠能连夜下山，带衣钵远行，于南方光大弘法，是为禅宗六祖。但是，有本派僧人不肯承认惠能的地位，仍旧尊崇神秀为掌门。于是禅宗自此一分为二：以惠能为代表的为南宗，提倡的是顿悟的法门；以神秀为尊的为北宗，提倡的是渐悟的法门。顿悟讲究当下即悟，悟即成佛。横扫一切识见，只求见一个光洒洒、净裸裸的真面目。

渐悟讲究如人扫屋，一日不净扫一日，千日不净扫千日，一个水磨功夫的渐悟过程。看似顿悟为易，实际却难；看似顿悟为难，可是比起顿悟法门来说，重念经坐禅的水磨功夫的渐悟法门对于普通人则更容易一些。武则天是倾向于渐悟法门的，所以她奉神秀为尊，还曾经把神秀召到洛阳讲经，当时"时王公以下，京邑士庶，竞至礼谒，望尘拜伏，日有万计"。崔氏跟随修行的师父，就是北宗神秀的弟子。父母的崇佛，都深深地影响了王维。他对于暮鼓晨钟，香烟袅袅，佛像庄严，诵经喃喃，自来的亲近。

这份亲近，后来就出土发芽，开花结果，结出一个诗佛。

春草明年绿，王孙归不归

山中送别

山中相送罢，日暮掩柴扉。

春草明年绿，王孙归不归。

我在山里送走了一个好友，转眼天色已暮，我转身回家，掩上柴扉。春草明年还能再绿回来，我的王孙啊你还肯不肯回？

这首小诗看似清浅如画，实则含蓄深厚，匠心别致。明明是首送别诗，却不写离亭饯别依依，写的是寄望于别后重聚。它直接以"送罢"落笔，略去相送情致，却写了别后回家独掩柴扉的寂寞之意。正因寂寞，才望其再来，甚至定好了日期——"春草明年绿，王孙归不归"，实在是刚刚把你送走，回身就开始想你。

素材平凡的一首送别诗，别出机杼，清新深长，如碧水清波落一滴雨，扰动人的神思。那淡淡的、白描一般的诗里，是藕节掰断，却断不了的丝。

王孙也许明年不归，但是后年也许会归。因为王维和他的朋友都活在这个世界上。但是人生一场大梦，走了，就不再回。梦是好东西，又是不好的东西。凡事太好了，便疑是在梦里。凡事太不好，也便疑是梦里。

杜甫家上数十几代都为官，所以杜甫天生来的就有鸿鹄之志。这份进取心让他受了无数的罪。

王维的家族因为渐次衰微，声名不甚显赫，所以怀抱着昔日荣光，王家的后代倒更多的是想要隐居修心。

达则兼济天下，穷则独善其身。说起来，这既是儒家的处世理念，也是佛家的行事作风。

父亲去世后，母亲崔氏变卖家产，带着孩子们搬到了母家所在的蒲州。经济来源没了，日子要撙节着过。像这种情况，就是佛家说的无常。崔氏信佛教，对于这一点有着很明晰的认知，所以她能够比较快地从对现状的"不可置信"中剥离出来，接受这个现实。佛教，从根本上来说，除去信仰之力，也是一种哲学思想。信佛的人，如果不是迷信，都会对于人生有着自己的一种较为定向的思考。崔氏不但自己思考，还身体力行地影响了她的儿子，尤其是长子王维，毕竟别的孩子们还小。

不过，人的生机和活力就像嫩芽破土，竹箨脱壳，是一定会朝上钻，不让它钻它都不行。只有钻得累了，倦了，钻不动了，才会想要回头，想要退隐，想要缩回土里去，想要遗忘这个世界。所以王维也不可能一开始就学佛。他还没有在兼济天下的大路上狂奔过。也是在父亲去世的这一年，他据说都已经会"属辞"，也就是能写出诗文了。至于写了什么，如今岁月漫漶，已不可考。但是他的家学渊源，受教育程度之深是可以见出来了。但是，《唐才子传·王维传》里记了一笔："维，字摩诘，太原人。九岁知属辞。工草隶，闲音律。"已经是个清秀漂亮的小才子了。

这几个弟弟妹妹中，他和二弟王缙的感情最深，两兄弟挨肩，他的画画得好，他的弟弟王缙字写得好。虽然弟兄两个的思维方式是不一样的。王维是与世界的一种若即若离的态度，始终没有特别用力地入世；王缙则是很用力地活在人间，后来官至宰相。如今说这些尚且太早。王维的爷爷王胄担任过朝廷的乐官，所以王维也受了祖父余荫，对于音乐很是喜欢，尤擅琵琶。一则逸事写王维观画，说他在洛阳看见一幅壁画，画上一群乐工正在奏乐。他一口道破画上的乐工在演奏《霓裳羽衣曲》的第三节第一拍。人们不相信，找了一队乐工来，让他们当场演奏《霓裳羽衣曲》。到了这第三节第一拍，果然，乐工们的动作和壁画一样。

对于王维来说，父亲是一个慈父。他教他提笔写字，捉着他的小手一笔一画，他一直记得父亲弯下腰来教他的样子。颔下三绺浅淡的须髯，面如白玉，是个温和的男子。王维心性上很像他的父亲母亲，面目上也综合了父母的优点，白面长身，眼神干净，举止斯文，从来没有乍寒乍热、乍轻乍狂的时候。如今父亲去世，母亲一遍遍地给父亲念往生咒，他看着母亲消瘦清癯的背影，也小小心心地跪下来，嘴唇一张一合，和着母亲的声调，一起念了起来。

一边念着，窗外的一朵花片悄然落下。

第二章

深宫墙也

春树绕宫墙

听宫莺

春树绕宫墙，宫莺啭曙光。

忽惊啼暂断，移处弄还长。

隐叶栖承露，攀花出未央。

游人未应返，为此始思乡。

　　春树生芽滋叶，郁郁葱葱，环绕宫墙。一只宫里不知道谁养的黄莺啼鸣婉转，趁着欲晓的曙光。也不知道是什么惊动了它，它的啼鸣暂时中断，好像噎住了一样，又好像有人把鸟笼换了一个地方，它安稳下来，继续鸣声长长。绿叶虽然看不见，它却能够承托朝露，也不知道是谁为了折一枝花，把手探出了未央宫的宫墙。游人尚且不急着回去，目下所见所闻，令人开始思念家乡。

　　这首诗的背景没有什么交代，不过写的是宫墙内的生活，气氛静谧安闲。黄莺儿啼鸣，绿叶儿葱葱，花朵儿娇嫩，使人忘归。可是，一切都是表象。虽然王维生在盛唐，但是，在常人所不知道的宫墙深处，是阴谋与秘计，苦水泡着的性命和染着鲜血的欲望。

王维降生的时候，大周皇帝武则天在男权社会已经打杀出自己的权柄和世界，威风八面。这一切都是用她的儿子们的命换来的：长子李弘身为太子，二十三岁被她暗害；次子李贤继立太子后，也被她废黜幽禁；高宗李治去世后，她的第三个儿子李显继位中宗，也被她拉下宝座囚禁；最小的儿子李旦被她扶上帝位，却连朝堂都进不去——他只不过是一个傀儡。为了保命，他干脆让出帝位，从此女皇君临天下。

但是，武则天这个皇帝当得不安心，因为儿子们随时可能把她取而代之。所以她流放次子李贤到巴州，又逼他自杀。李贤死前作一首《黄台瓜辞》：

> 种瓜黄台下，瓜熟子离离。
> 一摘使瓜少，再摘令瓜稀；
> 三摘犹尚可，四摘抱蔓归。

四个儿子，都是她这条蔓上结出来的瓜。被她一摘，瓜少了；二摘，瓜稀了。再也架不住三摘四摘，否则她就只能抱一堆瓜蔓回去了。

都想着锦衣玉食好，钟鸣鼎食富贵，可是世上好物不坚牢，彩云易散琉璃脆。一辈子营营汲汲，到老来发现身后乏续。于是，叱咤风云一辈子，武则天老来老来，想起了被她流放的第三子。

当初，嗣圣元年（684 年），武则天把第三子李显和他的老婆韦氏一起放逐到房州。韦氏在路上生下了女儿，连给孩子裹身的小被小褥都没有，只能用旧衣裳把孩子裹起来，所以这个女儿的小名就叫"裹儿"。到了房州，武则天还不放心，时不常地派使臣去探望。李显不知道母亲派的使臣手里是不是端着毒酒，是不是要给他脖子上绕上白绫。如果没有韦氏的陪伴和安慰，他早被亲娘吓死了。他在远离朝堂的地方熬了十多年，他的母亲在金碧辉煌的皇宫熬了十多年。当初的雄心壮志如今已经差不多泯灭，她开始想念她的儿子。当狄仁杰等朝中老臣劝她退位让贤的时候，他们不知道，她已经悄悄地把李显夫妻接了回来。看着老臣泪流满面，慷慨陈词，让她把江山还给李氏，她叹口气，把李显推出来，说："还你储君。"狄仁杰抬头一看，痛哭失声。当年的青年人，如今已经苍老憔悴。705年，大臣政变，武则天被逼退位。她的儿子李显二度登基，是为神龙元年。

这一年，王维四岁。他不知道朝政剧变，权力更迭，也不知道李显继位后，身为皇后的韦氏和他们的女儿裹儿荒唐成了什么样子，简直是从节衣缩食、苦菜寒窑的生活中解脱出来后的一场狂欢、一场报复性消费。买单的是大唐国民和大唐国力。同官县下特大雨雹，农家受淹，冬天百姓无衣无食，皇帝却带着皇后跑去东都洛阳，上南门楼看泼寒胡戏！

神龙三年（707年）三月，自京师至山东发生瘟疫，同年夏季，山东、河北二十多州又发生旱灾，百姓病死、饿死者众，他们却在皇宫里搞起了新花样：宫女摆摊，百官公卿交易，就像是农村的大集市，所不同的是农村的集市上买者和卖者都是平头百姓，要挣的想要吃饱肚子的小钱；而皇宫里的集市是一群肉食者凑集起来的玩意儿，他们图的不是挣钱，是寻快乐、找刺激。

宫墙深深高台柳，掩映着富足的生活、丰美的衣食。日子太好过了啊！真是，一觉华胥梦，瞬息多少年。

鱼不是水，水不是鱼

山居即事

寂寞掩柴扉，苍茫对落晖。

鹤巢松树遍，人访荜门稀。

绿竹含新粉，红莲落故衣。

渡头烟火起，处处采菱归。

这首诗写的是一个人在深山隐居，过的是寂寞的日子，日色苍茫，天色将晚，独自掩上柴扉。院外松树遍植，因来访者稀，所以松树上有鹤鸟不受打扰地宿栖。绿竹拔节，嫩处含一点新粉，红莲落瓣，像是美女脱下片片红衣。远望过去，渡口处点点烟火，那是采菱人荡舟从四面八方来归。——这样寂寞闲适的日子，不是人人都能过得来，也不是人人都有福分过起。心浮心乱的人，让他来，是糟蹋了这院子。

而过惯了锦衣玉食、钩心斗角的富贵日子的人，想过这样的日子，又没有这样的慧根，死到临头的时候，也没有这样的机会。

闲生定，定生慧。可惜人心浮动，如波翻浪起，想闲，闲不下来，想定，定不下来，想慧，又慧不起。于是我看你的闲适是贫穷，你看我的富贵是无趣。

都说是子非鱼，安知鱼之乐，也可以说，子非鱼，安知鱼之苦。总的来说，彼此之间，鱼不是水，水不是鱼。

还说回到大唐宫室。据传，韦后和武则天的侄子武三思搞暧昧，她还让中宗任命武三思为宰相，结果就是武三思把持朝政，流放和谋害大臣。武三思的金句就是："我不知道什么是好人，什么是坏人，只要和我好的，就全是好人。"小姑娘裹儿如今已经是安乐公主，她自己写好诏书，不让中宗看，只让他盖印，而他就盖。裹儿还想让中宗立她为皇太女，来顶替太子的位子，她说："阿武子（宫中对武则天的称呼）还可以做天子，难道天子的女儿就不能当皇帝吗？"太子受不了了，反抗也是死，不反抗也是死，于是他反抗了，杀了武三思全家。本来想杀的是安乐公主和韦后，但寡不敌众，最后被部下谋害。于是大唐朝堂上，就出现了这样的格局：龙椅上坐着中宗，帘子后坐着韦氏。中宗说不说话的不要紧，韦氏不停地下指示。大臣看不过去，上书指斥韦后干政、安乐公主害国，结果没走出朝门就被韦后指使人活活摔死。然后，娘俩言笑晏晏，给中宗吃蒸饼。蒸饼里下了毒，中宗死了。这个被亲娘打压得一点锐气也没有、被生活折磨得一点脾气也没有的窝囊的男人，贵为皇帝，一心疼妻爱女，最终却被贪馋他手中权力的妻女合谋害死。

最大的绊脚石没了，下面，正常节奏，当然是要效法武皇啦。可是，武皇的小儿子——相王李旦还活着，武则天的小女儿太平公主还活着。尤其李旦还有一个彪悍的儿子——

李隆基。李旦被亲娘压制得不行不行的，早已经锐气尽失，只想着当自己的富贵王爷，能平平安安活到死就算愿望达成了，可是他的儿子和妹妹，都不是吃素的。唐景云元年（710年）六月庚子，李隆基政变。韦后逃入飞骑营，也不免被杀的命运。裹儿——安乐公主正对镜描眉，士兵兜头一刀斩下。李旦被名正言顺地扶上皇座。李隆基被名正言顺地立为皇太子。太平公主的权势名正言顺地扩大，因拥立新皇之功，晋封万户，权倾朝野。十岁的王维带着弟弟妹妹，跟着寡母相依为命。民间和皇室两张皮，鱼不是水，水不是鱼。

所以民间不知皇室的事。李旦当了皇帝也威风不起来，朝政有什么事不是问儿子就是问妹妹。他不知道的是，妹妹也是个心大的妹妹。她的亲娘当过皇帝，那凭什么，她就不能当皇帝。想当皇帝，就要搬走最大的障碍——以后接任皇帝的太子。好吧，姑姑和侄子又杠起来，斗到了一起。她在侄子李隆基身边安插眼线，有一点点不妥当的地方都被她告到御前——因为李旦很宠妹妹，她可以随时进宫找哥哥闲话，她不进宫，哥哥还会派人去她家找她去，问她怎么了，可是身子有什么不得劲。而外边流言纷飞，说是李隆基又不是皇帝的嫡长子，凭什么要给立为太子。甚至太平公主还把朝堂重臣拦下来，借着闲话的名义，暗示宰相们应该改立皇太子。这些人都惊了："太子为大唐社稷立下了莫大的功劳，是宗庙社稷的主人，公主为什么突然提出这样的建议！"李旦快要为难死：左边是儿子，右边是妹妹，唉！这个皇帝当得真是没意思。替李旦悲哀，看，谁把谁真的当真？谁为谁心疼？谁是唯一谁的人？

无春雁不回

过秦皇墓

古墓成苍岭，幽宫象紫台。

星晨七曜隔，河汉九泉开。

有海人宁渡，无春雁不回。

更闻松韵切，疑是大夫哀。

这首诗先写的秦始皇墓的景观，苍岭和紫台都说的是千古一帝的坟墓的气势和豪侈。可是，又有什么用呢。他派人出海寻求长生药，人派出去了，却没有回来。他在等待中望穿秋水，迎来死亡。

这样的诗看上去当是一个老成的人写的，可是却是王维十四岁时写出来的。他作这首诗的时候，是开元二年（714年）。这个少年的心性一开始就是沉稳安静，想得多，不活泼。这个和时代没关系，和脾性有关系。王维少年时代，整个大唐正是咕嘟咕嘟水开了，冒着泡的热闹。

先天元年（712年）八月，彗星出现，李旦马上顺杆爬，把皇帝的位子给了李隆基，他把自己变成太上皇。这可把太平公主气坏了。因为这个事情是她搞出来的。是她指使懂天文历法的人跟李旦进言，说："彗星的出现标志着将要除旧布新……所主之事乃是皇太子应当登基即位。"——她不是真的要让太子即位呀，她是要让李旦觉得太子图谋不轨，想逼老父亲退位，从而让李旦下决心除去太子呀！这是宫斗，是权谋，是说话的艺术，她不是让哥哥认个实，觉得真的要太子即位才可以。但是李旦就真的认了这个实。他真是被烦得够够的。所以他决定了，要传位给太子。太平公主连夜进宫，劝哥哥改变主意。没劝过来。侄子当了皇帝。她想当皇帝的念头落空了。

就在这一年，杜甫出生了。王维十二岁了。李白和王维的年岁不相上下。大唐的天上扑里啪啦地往下掉诗人。可是这又和太平公主有什么关系呢。太平公主的丈夫武攸暨死了。她是武则天和唐高宗最小的孩子，十六岁嫁给唐高宗的嫡亲外甥薛绍。结果薛绍的哥哥薛顗参与唐宗室李冲的谋反，薛绍并未参与，也遭牵连。薛顗被处死，薛绍杖责一百，狱中饿死。当时，她和薛绍最小的儿子才刚满月。天家富贵？不过是大梦一场，梦醒时家破人亡。后来，武则天把她嫁给武攸暨——武攸暨是有妻子的，所以武则天为了给她清扫道路，腾出位置，处死了武攸暨的妻子。如今，武攸暨病死。他到死也没有吐露过心声，她并不知道丈夫对她是怕还是爱。她的心里又空又冷。也许，挥斥方遒的炽天权势才能够让她温暖一下。不就废一个侄子吗？当年妈妈杀亲儿子都杀了两个。她这个重量级的公主不是白当的，前朝后宫都有她的人，一起发力，还怕他不死？

李隆基先下手了。刀尖上讨生活，每天睡觉都不敢闭上眼睛，这样的日子，也该结束了。一夕发动，雷霆之威，羽翼被剪除，太平公主被赐死。皇家血脉尊贵的时候是真尊贵，被追杀的时候，也一样流满地，和污泥浊水混在一起。

大唐国运就在最高层的权力争斗和更迭中起起伏伏，好在国运粗壮，不伤根本。朝堂之外，百姓的日子还过得下去。而且李隆基随着清除异己，江山稳固，他年富力强，脑子又好使，又会用人，所以大唐国势倒越发旺盛起来了。玄宗以姚崇为相，姚崇建议，抑制权要佞幸，采纳谏议净言，不收地方贡献，禁止女乐风行，总之，就是治国第一，娱乐第二。玄宗统统采纳，励精图治。不过玄宗本人喜欢音乐，还是会照顾到自己的这点小爱好的。按过去制度，雅乐俗乐，都属太常寺管辖。玄宗觉得太常寺主管的是礼乐，非常严肃庄重，不应该把倡优杂伎也一并管辖，所以就把这些民间的、比较俗的歌啊、调啊什么的，都从太常寺里分离出来，重新成立了两个机构——左教坊和右教坊，专门教俗乐的。这还不算，玄宗还选了几百个乐工，自己亲自在梨园教导。乐声飘飘，衣袂飘飘，蓝天丽日梨花白。从此皇帝也是有弟子的人了，这些人，就被称为皇帝的梨园弟子。

那是一个古老而美丽的王朝，诗人遍地，侠客盈道，辞赋满江，快意恩仇。

玄宗在梨园弟子的吟唱声声里，看见了他经营的这个旷古绝今的文明里，那么多物华天宝，那么多人杰地灵。

灞陵原上多离别

题友人云母障子

君家云母障，持向野庭开。

自有山泉入，非因彩画来。

这是王维大概十四岁作的诗，也就是开元元年（713年）前后，诗意清浅，想来是在哪个朋友家看见一个云母屏风，所以就为它题了一首诗，说是你家的云母障子呀，不像是画上去的，倒像是从野外直接截了一片风景，或者是把屏风直接开在了野外。它自然而然地就会有山泉流入，不是彩笔画入，而是真的山泉入画，毫无违和之感。总的来说，是夸这屏风上的山水画画得逼真。

这是现存王维诗集中最早的一首诗歌。词句不见雕琢，字外也无所用心，诗里诗外都一片清平安定，大唐的日子挺好过的。

玄宗和他的弟兄们处得也很好。比如宋王成器、申王成义，是他的哥哥；岐王范、薛王业，是他的弟弟；还有幽王守礼，是他的堂兄。这些哥哥兄弟，和他都走动频繁，来往亲近。刚即位当上皇帝的时候，他还长枕大被，和兄弟在一张床上睡觉。这些哥哥们每天早晨从侧门上朝，退了朝就一起吃吃喝喝，斗斗鸡呀，击击毬呀，到近郊打打猎呀。玄宗有时候和他们一起玩，有时候派使者和他们往来递信。往往一个使者前脚走，后脚又派出去一个，相望于道。百姓们避让道旁，嘴里说着："嚯，咱们的皇帝又和王爷们一起玩儿了。"要是有哪个兄弟病了，玄宗就急得不行，吃不下饭，睡不着觉。那时，他真的是又热情又直爽，很好的年轻人。

开元二年（714 年），玄宗还设了翰林院，招揽文章写得好的、琴棋书画玩得好的、懂术法的、有名望有道行的和尚道士，封他们为翰林待诏，又叫翰林供奉，让他们随时待命，写写文章，玩玩琴棋书画，算算命相相面，谈谈玄讲讲经什么的。

——李白后来因为写诗出名，就被召入翰林院，做的就是翰林待诏。这一年岑参出生了，"忽如一夜春风来，千树万树梨花开"就是他写的。

王维渐渐长大，也越来越白皙漂亮。他有时候会在街上卖些字画，贴补家用。这天，他铺展画案，当场作画，吸引一批观众品头论足，一个小姑娘站在画摊前，眼睛里亮亮的。他似有所觉，抬头看了一眼，认出这是母亲给他定下的娃娃亲——刘氏女。她是自己的远亲。看着这个姓刘的、有点害羞的小姑娘，他想，将来，她就是自己的妻。抬手抚了抚胸膛，觉得这心怎么跳得有些快呢。小姑娘长得细眉红唇，丹凤眼睛，神情灵透活泼，和他的沉静如玉两相映照。

但是，成家之前，先要立业，这是必要的。所以，长大的王维需要给自己谋出路了。大概就是在这一年，王维离家，壮游去也。唐朝，就是这样的扬扬意气，少年壮游，就是这样的辞赋满江，灞桥折柳。所以唐朝多离别，你看那柳丝儿轻拂，今朝被多情人折一枝两枝，明天就被带到千里万里，"枝头纤腰叶斗眉，春来无处不如丝，灞陵原上多离别，少有长条拂地垂。"柳丝这东西绿得不久，拿在手里不一时就要蔫萎，送别的人偏有心情搞这套郑重的仪式，别离的人偏有心肠把它拿在手里，那个年代的人，偏有这番情怀如诗。

"河亭收酒器，语尽各西东。回首不相见，行车秋雨中。"相送相别之际，天上下的哪里是雨，分明行行都是离人泪。下雪更其难过，"轮台东门送君去，去时雪满天山路。峰回路转不见君，雪上空留马行处"。这一刻还举杯劝饮，下一刻你西我东，自此后饥饱寒暖、快乐忧伤、穷通际遇一概不晓，人有情处怎奈天地大无情。

游子就是这个样子，此身如寄，如云，如响，如飘萍，进山入川，谒庐拜墓，探望朋友和结交朋友，一路上仗剑徒步，无论得意失意，一身皆于当行处行，止处止。山高海深，炎炎赤日，雨雪霜欺，一片冰心付与诗。

"月落乌啼霜满天，江枫渔火对愁眠。姑苏城外寒山寺，夜半钟声到客船。"客船一宿，一灯如豆，夜半钟声"当——当——"响起来，响起来，一霎时天悠地远，山野空旷，叫我一个人怎么消受这番寒凉。

走累了，远远一处酒望，门前开着橘花，喷吐丹霞，霎时间心情喜悦，诗兴大发，挥笔写下："野店临江浦，门前有橘花。停灯待贾客，卖酒与渔家。"

洛阳女儿对门居

洛阳女儿行

洛阳女儿对门居，才可颜容十五余。

良人玉勒乘骢马，侍女金盘脍鲤鱼。

画阁朱楼尽相望，红桃绿柳垂檐向。

罗帷送上七香车，宝扇迎归九华帐。

狂夫富贵在青春，意气骄奢剧季伦。

自怜碧玉亲教舞，不惜珊瑚持与人。

春窗曙灭九微火，九微片片飞花琐。

戏罢曾无理曲时，妆成只是薰香坐。

城中相识尽繁华，日夜经过赵李家。

谁怜越女颜如玉，贫贱江头自浣纱。

　　王维在洛阳的时候，他见到一个住在对门的女子，正当十五六岁，容颜十分美丽。她的良人骑着高头大马，又使唤着聪明伶俐的婢女。婢女给她端上的是黄金的盘子，盘子里盛着精美的鲤鱼。她家的楼高房大，她家有桃红柳绿。她坐的车子是七宝香车，她行动有人举扇迎送，她的帐子都是九华七彩。她的丈夫年少得志，骄奢无比，亲自教姬妾跳舞，随手把珊瑚送人。他们整夜整夜地寻欢作乐，天亮了才熄灭灯火。她每天就是玩啊玩啊，打扮得齐齐整整，没啥活干，只是薰香闲话。她的交际圈子里全都是豪门大户，来来往往的都是贵戚人家。唉，真是同人不同命啊，而同样美丽的越女，却因为出身贫贱，只能在江头浣纱。

一路上，王维走过潼关，经过骊山，游历长安。开元三年（715年），他游历到了洛阳。这一年他十五岁。不光是他，好多人也或前或后地在路上，负剑挈囊，来来往往。比如李白，比如杜甫。

李白是在开元八年（720年）才出门游历的。他到了成都，去了司马相如的琴台，到过扬雄的故宅。他的目的是拜谒刚被贬到成都做益州长史的苏颋。因为游历一方面是扩容见识，更重要的则是广结广交，以求仕进。但是虽然他向苏大人投卷献了文赋，却未得赏识。此后又到渝州，干谒渝州刺史李邕。李邕态度更是轻慢，气得他抢起笔作诗一首："大鹏一日同风起，扶摇直上九万里。假令风歇时下来，犹能簸却沧溟水。世人见我恒殊调，闻余大言皆冷笑。宣父犹能畏后生，丈夫未可轻年少。"

诗写得这么好，也没什么用，灰溜溜地回家乡。

直到开元十二年（724年），打架伤人，逃离家乡，这算是再次壮游。到了庐山，写下有名的《望庐山瀑布》："日照香炉生紫烟，遥看瀑布挂前川。飞流直下三千尺，疑是银河落九天。"

他的壮游也没什么用处，带着钱去金陵，大手大脚花完。

他有钱的时候，一群人围着他吃吃喝喝，他没钱了，躺在小破旅馆里没人搭理。再后来，娶妻许氏，入赘许家。过了一段糟心的赘婿日子，又跑到长安找门路，求仕进，终于得了玉真公主等贵人的提携，皇帝下诏召他进京，他"仰天大笑出门去，我辈岂是蓬蒿人"。

至于后来的杜甫，走的也是同样的一条路：壮游，出乡。

开元十八年（730年），杜甫北渡黄河，到了郇瑕（山西临猗）。这是一次短暂的出游，他结识了韦之晋和寇锡。这两个人后来都做了官。

他真正的壮游是在731年，下江南。走水路，经淮阴、扬州，渡长江，抵江宁——也就是如今的南京。

他到过姑苏的吴王阖闾墓前，到过秦淮河边陆机的读书堂，到过朱雀桥边的乌衣巷，到过谢灵运住过的康乐坊，到过钟山的北高峰，那里有《文选》的编者昭明太子的读书台，钟山北麓沈约住过的宅院依稀犹存……

他到过虎丘山的剑池，他走过十里红荷的长洲苑，走出阊门，拜谒太伯庙，庙影映池塘。

他走过了鉴湖，那是范蠡和西施泛舟的地方。他坐船到剡溪，那是谢灵运喜欢游玩的地方。

他在江宁停留，在瓦官寺里见到顾恺之的维摩诘壁画。

他在吴越一气待了四年，直到735年才回洛阳参加科举，结果名落孙山。

——这一年杜甫二十四岁。

落第了也没有什么不高兴，又开启了第二次壮游："放荡齐赵间，裘马颇清狂。"

他春天在邯郸的丛台上唱歌，冬天在青州以西的青丘游猎。他又跑去登泰山，这一登就登出一首绝世名篇："岱宗夫如何？齐鲁青未了。造化钟神秀，阴阳割昏晓。荡胸生层云，决眦入归鸟。会当凌绝顶，一览众山小。"

　　从 731 年到 740 年，杜甫先游吴越，后游齐赵，整整浪了十年，然后才回了洛阳，然后在首阳山下的尸乡亭附近，挖了几孔窑洞，安了真正属于自己的家，娶妻成家。

　　这是杜甫一生中难得的花开的时刻，此后他的幸福哪怕没人采摘，零落成尘，此时他也是身如焰，从渴爱生。

独在异乡为异客

九月九日忆山东兄弟

独在异乡为异客，每逢佳节倍思亲。

遥知兄弟登高处，遍插茱萸少一人。

我一个人在异地他乡为客，一到佳节加倍思念亲人。虽然看不见，我也知道我的兄弟们这一日必定登高应节，每个人都插着茱萸，却没有我的影子。

写这首诗的时候，王维十七岁了。这里的山东指的是华山以东。

少年之作，却能少却浮泛雕琢，这是他的天性使然，也是他的天才使然。

节日易作诗，节日诗也易落俗套，王维的高明之处就在于脱出窠臼，没有特别浓烈地渲染兄弟二人分隔异地之时、正逢佳节之日的浓烈的思念之情，而是用两个"异"字，表明了自己在异乡客居的孤独，这种孤独在佳节更会加倍。

这句"每逢佳节倍思亲"一语道破千百年来无数人的心事，成为千百年来人人口中传诵的警句。

他并不说自己登高时想念兄弟，却把自己放置在了兄弟登高时的情境里，若是兄弟登高时，自己也在，该是多么圆满的事。偏偏人人都登高饮菊花酒，插茱萸花枝，自己却不在，这种人生的缺憾，实在令人心颤。

王维十七岁，离家在外，思念兄弟，正值九月九日登高，随手一写，就是千古名诗。

这也是壮游的代价，只要出发，就有别离。

就在去年，也就是开元四年（716）年，王维十六岁的时候，李隆基之父，太上皇李旦驾崩。姚崇这个贤相辞了相位，荐了宋璟为相。宋璟也是个史上有名的贤相，选才用人，皆秉公心，因材而用，使得所用之人个个称职，而他自己又刑赏出于公心，而无偏私。对于玄宗皇帝也敢犯颜直谏。这一年，王维最亲密的诗友裴迪出生，足足比王维小了十几岁。但是到了后来，他却几乎成了王维的精神支柱，王维一生诗作并不多，但是和他唱和的诗却有好多。不过现在，十六岁的王维可不认识这个奶娃子。他和一个叫祖自虚的人关系亲密。两个人住在长安，不过偶尔在终南山隐居，有时候也会东游洛阳。在洛阳，王维又结识了綦毋潜。綦毋潜生于692年，比王维大将近十岁，字孝通，是虔州，也就是如今江西赣州人。他也是想要科考举仕的，如今尚未参加科考，先结识了王维。二人一见如故。——王维逐渐有了自己的朋友圈子。

李隆基的一个同父异母的弟弟叫李隆范，受封岐王。岐王个性恬淡，好诗文不爱政治——皇家子弟，你最好识相些，不要热衷权术政治，否则会惹猜忌。岐王深知这一点，所以只是和文人们走得近。所以他在玄宗这里就无害又识趣，很受皇上亲厚，是炙手可热的皇族，且又好音律，所有这些，都能够和王维的爱好与所长对接。所以，王维想要仕进，那么拜访岐王，走他的门路，是王维必然会想到的路子。——不要说王维不清高。谁不想搏出位？

初唐大诗人陈子昂的"前不见古人，后不见来者。念天地之悠悠，独怆然而涕下"，短短几句，道尽天地宏阔，人世苍凉。他为了找出路，家在四川，却在京城住了十年，一直没什么人认识他。当时东市上有一个人卖胡琴，要价一百万，人们趋之若鹜。陈子昂就越众而出，对人说，他要用一千缗钱来买这把胡琴。人们都惊了："这玩意儿有什么用？"陈子昂说："我会弹呀。"有好事的人问："我们能听听不？"陈子昂说："我住在宜阳里，而且我还准备了酒，明天专候诸位。不仅各位可以来，还可以邀请知名人士一起来赴会。"第二天早晨，热衷猎奇的人来了一百多位，都挺有名望的。陈子昂大摆宴席，招待他们吃喝。吃过饭，陈子昂捧出胡琴，对客人们说："四川人陈子昂有文章百轴，在京城东奔西走，却始终声名不显。这件乐器不过是一个平常的手艺活，怎么值得我放在心上？"然后高高举起，把胡琴咔嚓一声摔碎，然后把他写好的文轴抬出来，摆了两桌子，分赠客人。这次聚会以后，一天之内，陈子昂声名大振，于是被当时封为建安王的武攸宜请去做了记室，后来官拜拾遗。

王维也很是致力于"推销"自己，就这样在长安也好，在洛阳也好，或隐居，或交友，或拜望有名位的人，结交结交富家子弟，有时候卖卖字画，挣点润笔银子，一晃几年过去……

第三章
人間歌也

新丰美酒斗十千

少年行·其一

新丰美酒斗十千，咸阳游侠多少年。

相逢意气为君饮，系马高楼垂柳边。

新丰的美酒啊，一斗价值十千钱。咸阳的游侠啊，大多都是少年。相逢意气相投啊，为君痛饮一番。我们的骏马啊，就拴在高楼之下，垂柳旁边。

朝气蓬勃的少年游侠，喝着新丰的美酒，在垂杨边系马，意气昂扬，相见倾心，把臂同饮，气概豪迈。这首富有浪漫主义色彩的诗，用美酒、游侠、骏马、高楼构成一幅鲜明图画，读之令人鼓舞，催人振奋。这么朝气蓬勃的诗，写出的是大唐的游侠风尚，也写出了少年人的雄心壮志。王维在洛阳也好，在长安也好，交友也好，琴棋书画也好，目下所想，也是学成文武艺，货与帝王家。因为帝王家最需要的就是人才，源源不断的人才。当年汉高帝刘邦当了皇帝，还作歌一首："大风起兮云飞扬，威加海内兮归故乡。安得猛士兮守四方。"

需要人才，就要有人才流动的渠道和网罗人才的方法。

远在周朝的时候，是通过"乡举里选"的方式，由"乡老"（族长）等选拔本乡土的贤士，一级级地上贡，最终到达朝廷，然后，再由王亲自考试，考试的内容是射箭。

这样的大馍馍，会被穷人分走吗？会被无权无势的人分走吗？饭食在前，人是一定要先管自己的家族吃饱，才轮得着别人的。所以基本上，这就是一种"世卿世禄"的制度。历代为卿，历代享受俸禄；只有极个别的人才是凭自身努力、实力和运气登上高位。

到了春秋时期，整个社会的架构都遭到崩解，固化的格局被打破后，就像一整块的巨石被崩成小石子，小草小花才有长出来的可能性。人才不再受到大家族的压制，通过举荐、考核选拔出的人才就越来越多了，而因为举荐考核从而任用为官的制度状态也越来越明晰。

但是，也并没有形成严格的制度。

到了汉朝，有了更为严谨明确的察举制和征辟制。因为察觉到民间某人有才学，或是有品行，或是有声望，于是就层层上报，最终被察举的人得到官位。因为朝廷听说民间有人有声望才学，于是特地征召他来做官。一方面是从下向上推举，一方面是从上向下征辟，这样一来一往，人才的交流渠道就比以前更通畅了。

汉高帝十一年（前196年），刘邦下诏命令各级臣下举荐贤才，后世的"乡贡"就由此发展而来。

汉文帝二年（前178年）、十五年（前165年），朝廷又两次下诏命令各级官员举荐"贤良方正能直言极谏者"，而且还要对这些被举荐的人用策问的方式考一考。

——不光是推举和征召了，还要参加考试。不过考是次要的，举荐是主要的。考得好不好都没关系，能被选中，没有黜落的说法。

汉武帝时期，又诏令各郡国举孝子、廉吏各一人，后来两科逐渐合并为一科，称为"孝廉"。此外"秀才"也是察举的重要科目之一。孝廉重德，秀才重能。

到了三国魏文帝时期，陈群创立九品中正制，改良了察举制。负责察举的官员不再是别的官员的临时客串，而是形成特定官职，被察举的人才分为九品。

但是，魏晋时期，士族势大，寒门衰微。再怎么分品，也是大桃子让士族摘走，所谓"上品无寒门、下品无士族"。

后来，选拔人才的方法和制度一路发展，到了唐朝，科举制真正成型了。

唐高祖武德四年（621年），朝廷下诏，令"诸州学士及早有明经及秀才、俊士、进士，明于理体，为乡里所称者，委本县考试，州长重复，取其合格，每年十月随物入贡"。第一，"每年十月"的应试时间定了。第二，先预试再朝廷考试的程序定了。

武德五年（622年），诏书甚至还明确了士人可以"投牒自应"，这样一来，不需要举荐，那些捞不到举荐机会的下层寒士也可以自我推荐了，获取考试资格了。

一次，唐太宗视察御史府，就是考进士的地方，看见许多新录取的进士鱼贯而出，得意得很："天下英雄，入吾彀中矣！"

一代雄主，自有他的得意事，此事事关天下，荡气回肠。

不行无可养，行去百忧新

观别者

青青杨柳陌，陌上别离人。

爱子游燕赵，高堂有老亲。

不行无可养，行去百忧新。

切切委兄弟，依依向四邻。

都门帐饮毕，从此谢亲宾。

挥涕逐前侣，含凄动征轮。

车徒望不见，时见起行尘。

吾亦辞家久，看之泪满巾。

路上杨柳青青，路上满是离人。爱子要去宦游燕赵，高堂上有年迈双亲。不走不能赡养父母，离家又百忧新生。切切地把父母委托给兄弟，又依依地面对着送行的乡邻。都门祖帐中饮过了饯行的酒哇，从此就算是告别了亲友和宾朋。洒泪去追走到前面的同伴，心里凄凉，发动远行的车轮。车越走越远，人渐渐望之不见，车马时时腾起征尘。我也离开家乡很久了，见到这种情景，泪洒满巾。

这首诗不知道是王维什么时候写的，但必定是离家日久，亲人无法团聚，故而触景伤情。之所以触景伤情，就是境遇有相通之处：不行无可养，行去百忧新。我不离家就不能养家，我要养家就不得不远行。而一个读书人养家的路子其实很窄，就是仕进，仕进，仕进。

玄宗时期，进士科的主要考试内容就是诗赋。《儒林外史》里，马二先生对举业宣讲了一套贯古通今的宏论，概括了各个朝代的功名之路：

> "举业"二字，是从古及今人人必要做的。就如孔子生在春秋时候，那时用"言扬行举"做官，故孔子只讲得个"言寡尤，行寡悔，禄在其中"，这便是孔子的举业。讲到战国时，以游说做官，所以孟子历说开、梁，这便是孟子的举业。到汉朝，用"贤良方正"开科，所以公孙弘、董仲舒举贤良方正，这便是汉人的举业。到唐朝，用诗赋取士，他们若讲孔孟的话，就没有官做了，所以唐人都会做几句诗，这便是唐人的举业。到宋朝又好了，都用的是些理学的人做官，所以程、朱就讲理学，这便是宋人的举业。到本朝用文章取士，这是极好的法则。就是夫子在而今，也要念文章、做举业，断不讲那"言寡尤，行寡悔"的话。何也？就日日讲究"言寡尤，行寡悔"，那个给你官做？孔子的道也就不行了。

唐朝为什么有那么多诗人？不得不说，有很大一部分原因，是由于功名利禄的刺激。生在唐朝人，又是有才气的才子，想不受这刺激基本是不行的。李白如此，杜甫如此，高适如此，王维也是如此。年轻才子踌躇满志，跃跃欲试。

玄宗初登朝堂，励精图治，除了科举考试网罗人才这一途，还会征求名气大的隐士为朝廷效力。这么一来，大家就想着干脆把自己包装成隐士从而达到从仕的目的，简称"隐仕"。和"隐士"一字之差，云泥之别。武则天时期的司马承祯，博学多才，日常隐居天台山玉霄峰，自号"白云子"，有道术。武则天多次征召，他都不理。唐睿宗李旦好不容易才把他召进京去，向他求问阴阳术数之事，他却拿《老子》说事，建议人们削弱欲望，顺应自然。治理国家也是一样，顺应事物的自然规律，没有私欲，天下也就治理好了。睿宗想留他在身边，他不肯，皇帝赐他宝琴和花披肩，派人送他回去。——他是真隐士。

还有一种伪隐士，比如卢藏用。卢藏用是皇帝在哪里，他就在哪里隐。皇帝在长安，他就在终南山隐；皇帝去洛阳，他就到嵩山隐。所以他有一个外号，叫"随驾隐士"。武则天请不来司马承祯，却可以请卢藏用出山，让他当了左拾遗，没有几年他就升到了吏部侍郎。有一个成语"终南捷径"，就是从他这里来的。

王维十六七岁的时候，和这个大他十来岁的朋友祖自虚结伴归隐终南山。就是这阵子，他写了有名的《九月九日忆山东兄弟》。

大好男儿，千秋功业，哪一个正当年少的人没有做过出将入相、建功立业的大好美梦。功业未成，如花树的只开花、未结果，不独怀抱空虚，更有羞惭之心难言难明。

今人昨人多自私，我心不说君应知

不遇咏

北阙献书寝不报，南山种田时不登。

百人会中身不预，五侯门前心不能。

身投河朔饮君酒，家在茂陵平安否。

且此登山复临水，莫问春风动杨柳。

今人昨人多自私，我心不说君应知。

济人然后拂衣去，肯作徒尔一男儿。

我向朝廷上书啊，也没有回复。我要到南山种田呀，又年岁不丰。朝廷盛会，我没资格参加，权贵门前拜谒，我又不愿。我投身河朔之地，和朋友一起饮酒，却牵挂茂陵家人，是否平安。算了吧，还是登山临水一寄情怀，何必管春风是否吹动了杨柳。今人也好，昨人也罢，都为了自己，我就算不说，我的朋友你也不会不知。我想的是能够济世，然后拂衣而去，功成身退，却不愿意白白地当一回男子。

这首诗作于唐玄宗开元十四年或者十五年（726或727年），那时候诗人已经当了官，却因事遭贬。不过，如果拿来形容年轻的王维到处找门路而不得时的心境，也说得通。

开元六年（718年），玄宗移驾东都洛阳，下诏各地举荐"嘉遁幽栖，养高不仕者"，于是王维和祖自虚也像向阳的葵花一样，跟着皇帝的踪迹又去了洛阳。两个人"花时金谷饮，月夜竹林眠"。没想到的是，他十八岁这年，祖自虚病逝。

人生无常的滋味，他又一次尝到了。

> 否极尝闻泰，嗟君独不然。
> 悯凶才稚齿，羸疾主中年。
> ……
> 为善吾无矣，知音子绝焉。
> 琴声纵不没，终亦继悲弦。

他还年少，情怀没办法冲淡。这首诗写得捶胸顿足，简直是泣血哀毁。

洛阳此时已经有了焦骨牡丹，晚春时节，他流连花丛，看这有名的洛阳红。入得这洛阳的万丈红尘，可见漕运繁忙，往来商旅，车轿簇簇，红男绿女纷纷。此时，祖兄已逝，他想回长安。那里天广地阔，有更多的机会。一个十几岁的少年人想要成为隐士从仕，路子基本上走不通。所以，必须要正儿八经地考科举。

长安的繁华让初来乍到的王维眼花缭乱。街那么宽，人那么多，货品那么丰富，口音那么杂。人们穿着各种各样的衣裳，有的乘轿，有的骑马，有的提篮挑担，有的口宣道号，有的口念佛经，有的叫着"天主"。他是一个爱静不爱闹的人，都出汗了。那是他初到长安的光景。如今他再次回长安，就已经有了一种淡然的心境。世间所见，也不过一出轰轰烈烈的人偶戏，又或是一间睡满了人的屋，屋下着火，烈焰熊熊。人们并不能知晓，各自沉浸在梦里，有的梦甜，有的梦苦。

王维在洛阳一直没有结识到岐王，现在他仍旧想要找机会在岐王面前刷刷脸。但是，当他拿着自己的诗作来到岐王府拜见的时候，连门都没有进得去，只投了行卷就被看门的人打发出来了。至于这行卷岐王顾不顾得着看，谁也说不准。虽然他也按照行情，给了看门人银子，但是也只能让他把行卷递上去而已。

说起投卷这回事，谁不是一把辛酸一把泪。

像李白那样投卷屡屡受挫，真的不是个例。白居易投卷也是一把泪：刘禹锡当时和李德裕是同朝中同事，刘禹锡问李德裕："最近你有没有得着白居易的文集呀？"李德裕曰："唉，别提了，不光得着了，而且还老是给我送呢。我就让人把它们全都收起来，不过还没看呢，现在给你看看。"等人把这些行卷取来，满满的一大箱子，上面蒙一层厚厚的尘土。李德裕把行卷打开，草草看了一眼，就又卷了起来，对刘禹锡说："我早就觉得这人才气一般般，他的文章有必要看吗？"

一个人身负才华，想要建一番功业，那是天时、地利、人和，一个都不可或缺。

此时的王维得其时、其地，却不得其人，像无头苍蝇一样，到处拜访，到处碰壁。周身风卷云聚，伸手一握，好像就能握住命运的密钥，却是睁开眼来，仍旧两手空空，千山无人行。

何事吹笙向碧空

李陵咏

汉家李将军，三代将门子。

结发有奇策，少年成壮士。

长驱塞上儿，深入单于垒。

旌旗列相向，箫鼓悲何已。

日暮沙漠陲，战声烟尘里。

将令骄虏灭，岂独名王侍。

既失大军援，遂婴穹庐耻。

少小蒙汉恩，何堪坐思此。

深衷欲有报，投躯未能死。

引领望子卿，非君谁相理。

汉武帝时期，武帝派宠妃李夫人的哥哥、贰师将军李广利领兵讨伐匈奴，另派李广的孙子、别将李陵随从李广利押运辎重。结果李陵五千兵马与单于的八万骑兵遭遇，激战八昼夜，斩杀一万多匈奴，却因为没有主力部队的后援，箭尽粮绝，李陵被俘。李陵兵败的消息传到长安，武帝听说他投降，愤怒万分。司马迁为李陵尽力抗辩，说李陵全家都在长安，平时又对母亲孝，对朋友信，对世人谦，对士兵恩威有信，有国士风范，断不至投敌，只是因为皇帝对李陵发怒，使得那些大臣们一个个落井下石。

汉武帝大怒，把司马迁下了大狱。不久他听说李陵为匈奴练兵，并不核实消息来源，杀了李陵全家，包括他的母亲和妻儿，夷其三族。司马迁也遭了宫刑。可以说是活活的世间一出是非不辨、黑白不分的恩怨大戏。若按佛家的视角来看，真如沙上盖房，梦里着花，一朝房塌花落，万事归空。李陵直到此时，方才心灰意冷，彻底降了匈奴。

时间脉脉流过，不知道掩盖了多少悲哭嘶鸣，茫茫血色。如今世易时移，王维可以为李陵鸣一鸣冤，叫一叫屈了。

他说李陵是"三代将门子"，说他对敌作战勇敢，说他对汉室忠心，同情他的不幸。世上被冤的人不知凡几，王维写这首诗的时候，还没有活到佛理入骨入心的地步，并不曾超脱尘世，心中一腔热血，直欲进流而出。他在《不遇咏》里说"今人昨人多自私，我心不说君应知"，一看就散发着少年的理想气和怨气。在热血少年人的眼里，花是大家的，果是大家的，天是大家的，云是大家的，为什么我们不能把这个世界共享，把所有磨难共担呢？为什么大家不能心意相通呢？

后来，王维再次鼓起勇气，去拜谒岐王，终于见到了真人。岐王对这个年轻人深感惊艳。这个人实在是白衣胜雪，是个很美的男子，且又多才艺，带出去让人很有牌面。此后二人来往甚密，岐王在九成宫避暑也叫上他同行。

王维写诗记载此事：

敕借岐王九成宫避暑应教

帝子远辞丹凤阙，天书遥借翠微宫。

隔窗云雾生衣上，卷幔山泉入镜中。

林下水声喧语笑，岩间树色隐房栊。

仙家未必能胜此，何事吹笙向碧空。

首联写岐王奉诏，离京去九成宫避暑；颔联写九成宫之美，云雾漫漶，山泉投影入镜；颈联继续写水声伴着笑语，树色隐于房栊；尾联极言此处胜仙境之美，简直可以冉冉成仙，吹箫升上碧空。

美得很，文笔出尘，如仙家出巡。

处得熟了，王维给历史上黑名滚滚的李陵写的这首诗，也敢拿来给岐王朗诵一番了。这首诗对岐王也深有打动。不光是歌功颂德或者游玩山水的诗能够给岐王读，这样的诗也能够给岐王读，显然他们的关系很是亲近。亲近到王维可以开口求岐王，自己参加科举的时候，能不能请岐王荐举——这样的身份给自己荐举，增加的权重不言而喻。结果岐王面有难色。他无意中给岐王提了一个不小的难题。

虽然岐王是皇帝的弟弟，但是，却比不上玉真公主——那是皇帝的同父同母的亲妹妹。

据说这一届的魁元未曾开考，已经内定——被玉真公主"送"了张九皋。张九皋也会写诗，而且是张九龄的亲兄弟。张九龄此时虽未拜相，却是在步步高升。玉真公主许诺张九皋，要让他得殿试第一。

远看山有色，近听水无声

画

远看山有色，近听水无声。

春去花还在，人来鸟不惊。

　　远远看去，山色青翠。走近来听，水却无声。春天已去，花儿常开；人声近前，鸟不惊飞。

　　就这么简单，就这么素净，就这么水色山光，鸟语花香。可是这是一幅画呀，安安静静的一幅画，却能动荡人的心神。每个人读了这首诗，心里都会展开一幅画卷。诗句白描，画却不是白描。

　　有人说这首诗是宋代佚名诗人，一说是南宋川禅师所作，更多人认为这是王维的手笔。实在是和王维的风格太相似。看到它，脑子里想到的作者，好像就应该是王维。因为他就是这么素淡清净的一个人。

　　岐王带他去拜见了玉真公主。玉真公主和唐玄宗是一母同胞的亲兄妹。他们的父亲李旦是武则天的小儿子，武则天的一个侍女喜欢李旦，李旦不喜欢她，她就诬告李旦的媳妇行巫蛊之事诅咒武则天。武则天就把儿媳，也就是唐玄宗和玉真公主的亲生母亲给杀死了。武则天威权深重，唐玄宗和玉真公主吓得战战兢兢，一面对着祖母颂圣，一面脚步踩在虚空，只觉得头悬利剑，睡觉都睡不安稳，生怕祖母不知道什么时候就会把自己一家人全都给斩草除根。后来武则天终于还政李氏，他们的三伯李显当了皇帝，是为中宗。但是李显又被妻女合谋害死，如果不是李隆基和姑姑太平公主拼命反击，李显的老婆和女儿就要继续当女皇帝。反抗的结果是他们的父亲当了皇帝，把李隆基立为太子，结果太平公主又不干了，和侄子打生打死。李隆基当了皇帝，又灭了太平公主，这天下才算安定下来。但是玉真公主对这个皇宫里的家心灰意冷。算了，不如出家清净。天家富贵落实到个人头上，也真的没什么太大的意思。不过，虽然出了家，因为她爱诗文，而且有权势，所以仍旧会不停地被人上门求教也好，献诗也罢，希望能够借她的名头，给自己壮壮声势。

　　王维被岐王引着去拜见公主的时候，这个清秀白皙的小公子一下子就让玉真公主觉得很喜欢。气质沉静，一身的书卷气，偏偏还会弹琵琶会作诗。玉真公主生于690年，比王维大十来岁。公主看他就像看待一个有才的小弟弟。据说王维初见公主的时候，给她用琵琶弹奏了一曲自己创作的《郁轮袍》。他怀抱琵琶，妙年洁白，岐王又趁机给她看王维写的诗，她展卷而阅，啧啧称叹："这些皆我平时吟诵者，原以为古贤佳作，乃子之为乎？"——这些诗都是我平时吟诵的，还以为是古人写的，原来是你写的吗？

　　岐王说是呀是呀，这次他就是要凭着才学来应试呢，公主您看他的这份本事可堪登第否？公主眸光一睨，说这样的人才不能登第，还能有谁？有她这句话，王维一步登天可待矣。

唐人郑还古撰《郁轮袍传》，写得那叫一个妙趣动人：

> ……维妙年洁白，风姿都美，立於前行。公主顾之，谓岐王曰："斯何人哉？"答曰："知音者也。"即令独奏新曲，声调哀切，满座动容。公主自询曰："此曲何名？"维起曰："号郁轮袍。"公主大奇之。岐王曰："此生非止音律，至於词学无出其右。"公主尤异之，则曰："子有所为文乎？"维即出献怀中诗卷。公主览读，惊骇曰："皆我素所诵习者，常谓古人佳作，乃子之为乎。"因令更衣升之客右。

王维的言行举止也不给岐王丢人，风流蕴藉，语言谐戏，在座诸贵，纷纷向他行钦佩的注目礼。岐王见火候到了，就说："若使京兆，今年得此生为解头，诚谓国华矣。"——如果今年京兆能够让他当解头，可真的是一国之华啊。这个评价，实在是太高了！"解头"就是明清时期的"解元"的意思。唐代举行殿试极少，京兆府的头名，也就是"解头"，往往就是状元了。公主就问了："怎么不让他应举呢？"岐王说："这个年轻人哪，他如果得不到首推，就一定不去参加考试哩。可是您这首推不是已经给了张九皋了吗？"

公主就回头看着王维笑了："你想当这个解头不？你要是想当，我就给你出力。"王维起身谦谢，风度仍旧翩翩得不行。公主当下就召试官来自己的府邸,把这事儿交代下去。此一举,王维声名大噪,成为权贵世家的宠儿,不复无人搭理的凄凉之态。名人背书的效果就是如此立竿见影。于是王维就当了解头,张九皋靠边站。基本上,状元也就成了王维的。一举登第。

此时枝上有鸟,水中有鱼,花下有人,人看风日好,且沐暖阳肥。

陌上人如玉，公子世无双

送綦毋潜落第还乡

圣代无隐者，英灵尽来归。

遂令东山客，不得顾采薇。

既至金门远，孰云吾道非。

江淮度寒食，京洛缝春衣。

置酒长安道，同心与我违。

行当浮桂棹，未几拂荆扉。

远树带行客，孤城当落晖。

吾谋适不用，勿谓知音稀。

如今是圣人治下的时代，不会有壮志不能伸的隐者存在，凡是英武敏捷之士，都会纷纷出来。就是你这个居住东山的隐者，也不能再去效法伯夷叔齐，采薇为食。虽说是到京城应试，金门远难叩，可是怎么能说是我们走的道路不对。你要到江淮一带度过寒食佳节，你要到东京洛阳缝制春衣。我们在长安道上置酒行宴，我的知心朋友，你马上就要和我分离。你要坐着小船南下而归，很快就会叩开自家的荆扉。远远的树木似是带着你一路行远，独留我身处孤城，披着落晖。你只不过是暂时没有被录用，可别觉得知音稀。

綦毋潜和王维是好友，一同参加考试，王维有贵人荐举，一举登科，綦毋潜铩羽而归。他的失落的心情真是难画难描。落第诗算是诗歌中的一类，落第之后作的诗，就没有欢天喜地，兴高采烈的。唐朝诗人孟郊两次科举，两次落第，两次作诗。一作《落第》：

晓月难为光，愁人难为肠。

谁言春物荣，独见花上霜。

雕鹗失势病，鹪鹩假翼翔。

弃置复弃置，情如刀剑伤。

一作《再下第》：

一夕九起嗟，梦短不到家。

两度长安陌，空将泪见花。

陈子昂也有落第诗：

转蓬方不定，落羽自惊弦。

山水一为别，欢娱复几年。

离亭暗风雨，征路入云烟。

还因北山径，归守东陂田。

唐人殷尧藩的《下第东归作》格外辛酸：

> 十载驱驰倦荷锄，三年生计鬓萧疏。
> 辛勤几逐英雄后，乙榜犹然姓氏虚。
> 欲射狼星把弓箭，休将萤火读诗书。
> 身贱自惭贫骨相，朗啸东归学钓鱼。

这简直是被打击得一点自信都没有了，说自己是"身贱自惭贫骨相"。

唐人钱起的落第诗特别直白地表达伤心：

> 花繁柳暗九门深，对饮悲歌泪满襟。
> 数日莺花皆落羽，一回春至一伤心。

写落第诗的唐朝人特别多，都引起了袁枚的注意。他在《随园诗话》里专门就此发议论：

> ……读唐青臣云："不第远归来，妻子色不喜。黄犬恰有情，当门卧摇尾。"则吃吃笑不休矣。其他如："不辞更写公卿卷，恰是难修骨肉书。""失意雅不惬，见花如见仇。路逢白面郎，醉簪花满头。""枉坐公车行万里，譬如闲看华山来。""乡连南渡思莼米，泪滴东风避杏花。"俱妙。

未曾经历科举下第事的人读这落第诗，只是欣赏，甚至笑喷，而对于真正经历过这种失意的人来说，简直是切肤彻骨之痛，所以才会写得格外真切，简直是"见花如见仇"。——高兴的人看花开得好会愈发高兴，失意的人看花开得好只是心头生恨，觉得人都要活不下去了，你们还开得这样有来有去。

王维不需要经历这样的失意，所以他给綦毋潜写的安慰好友落第的诗，也是神采飞扬。开元九年（721 年），王维参加科举考试，到放榜这日，巍然中了。状元！好年轻的状元。好英俊的状元。好有才的状元。好多才多艺的状元。陌上人如玉，公子世无双啊。——中举之难，难于上青天。五十岁中进士都算得上少年得志，王维才是真真正正的少年，得志。

王维这阵子过得可风光了。大家都看着他，羡慕他，赞叹他，无时无刻不在关注他。有人讨要他穿过的衣服，希望自己穿过之后，也能沾沾才气和喜气。有名门大户会在考中的新贵之中挑选可心的人，拿回去跟自家的女儿匹配成对。尤其王维得皇帝的妹子和叔叔赏识，这是多大的荣耀。年少成名，人中龙凤，烈火烹油，鲜花着锦。

王维心里有一种隐隐的不安。他总觉得，盛极会衰，物极必反。又觉得从佛家的角度来看，这一切尘世繁华，似乎是一场转眼就醒的梦幻。白天应酬饮宴，晚来躺在床上，却有种不着实地的茫然。

第四章

行路难也

汉家君臣欢宴终

少年行·其四

汉家君臣欢宴终，高议云台论战功。

天子临轩赐侯印，将军佩出明光宫。

朝廷君臣欢宴方终，刚才高坐云台议论战功。天子临轩亲赐侯印，将军佩戴印绶，走出明光宫。

——能够和皇帝一起欢宴，那是什么样的殊荣。必是立下汗马功劳，方能被议战功。天子还亲自赐下侯印，此时的将军意气洋洋，走出宫门的脚步都大步流星。

王维少年得志，写出的诗也是这样的舒胳膊展腿，睥睨千里。

要参加鹿鸣宴了，王维此时已经见惯了比较大的场面，但是作为新晋状元郎，仍旧有些紧张。"呦呦鹿鸣，食野之苹。我有嘉宾，鼓瑟吹笙。"皇家开科取士，人才堂上高座，主人自然欣慰得很。如今又是四海升平，鹿鸣宴也是高规格，锦绣盈眸，笙歌聒耳。大家围着这个年纪小小的状元郎，纷纷举杯相敬。一顿饭吃下来，他不知道收到了多少请吃饭喝茶的邀约，又收到了多少想纳贤婿的豪门家的言语试探。但是也有不和谐的声音。分明有人悄悄议论，说他是走的岐王和玉真公主的门路才能够中选，算不得真好汉。又说他是一个戏子，一曲琵琶《郁轮袍》，给自己换来的锦带前程。人的嘴最难闭上，王维心冷齿寒，又无可辩驳。他有才气不假，但是他也真的走了这两个的门路。——但是，不走门路可还行？

杜甫后来也参加科举，但是他显然没有像王维这样幸运，得不到有力的提携，结果一路坎坷，在长安饭都几乎吃不上。李白则是因为出身问题，无法参加科举，到处碰壁。这些后世有盛名的诗人，在当时的时代，一个个怀才不遇，就因为少有助力。

纵然有人议论纷纷，王维也是一个热血少年。他现在的脑子里，佛已经退到了几乎看不见的地位，眼前所见，尽是人间的征战杀伐，意气激烈，突进与热血，千秋名与万世业。不过，因为他是给公主弹琵琶得来的状元，所以他的音乐的名气简直盖过了他的诗文的名气。所以他等来的官职，是太乐丞。

唐朝的中央制度是三省六部制。三省指的是尚书省、中书省、门下省。六部指的是吏部、户部、礼部、兵部、刑部和工部。除此之外，中央还分别设置监察机关和事务机关。监察机关主要指的是御史台，事务机关则有九寺、五监、诸卫和诸监。太乐丞隶属于九寺中的太常寺，是掌管礼乐的最高行政机关，有太常博士、太祝、奉礼郎、协律郎共十几个人。其下又设有郊社署、太乐署、鼓吹署、太医署、太卜署。每个署又有人员若干。王维的职位是太乐署的太乐丞，从八品下，太乐令的副手，小官。所以，金榜题名，高中状元，并不像人们通常以为的，马上会被委以重任。先在基层当办事员，好好历练一番是必须的。

围绕着王维的流言越发甚嚣尘上。有人言之凿凿，说玉真公主心悦于他，想纳他为裙下之臣。甚至还有人考证李白、王维和玉真公主三人之间存在三角恋，因为李白向玉真公主献过诗，也得到过玉真公主的保荐。

及第后，王维直接留在中央，虽然只是一个八品太乐丞，但是熬熬资历，不难以后做到清贵的位置。而且这个太乐丞因为是要培养宫廷乐人，所以也十分方便出入宫禁，于是又有人说，这正好可以方便玉真公主和他私会。

《阿蒙涅欧普教谕》里讲，"不可以用笔或文字欺骗人，神明厌恶此事，不可作伪证和用你的舌头毁掉一个人的前途"。但是，人的舌头是软的，活动起来是灵便的，上下翻飞地咬嚼人的时候，是有无上的快乐的。

娶妻与贬官

相思

红豆生南国，春来发几枝。

愿君多采撷，此物最相思。

红豆生在南国，春天来到生发几枝。愿您多多采撷啊，它寄托着我最深的相思。

咏红豆，寄相思，虽然一题为《江上赠李龟年》，可见是眷怀友人，但是却是情意无限深长。寥寥二十字，先因物起兴，再设问寄语，接着嘱人相思，最后切中题意。妙笔生花，婉转有致，韵律和谐，情调柔美。整首诗说直白也直白，说婉曲也婉曲，端的是白描笔意，满腹相思。

王维性子和婉，他给朋友写诗写出相思滋味的，不止这一首。

杨柳渡头行客稀，罟师荡桨向临圻。

唯有相思似春色，江南江北送君归。

这一首的诗题是《送沈子归江东》，送一个朋友去江东的，也是缠绵得不行。

但是，我们可不管这些，读了这首红豆诗，我们就觉得它是思念恋人的。因为它实在是太缠绵了，太情长了，太入骨了，太相思了。

人间男女，一跤跌进爱的坑里，如果不防备，那真是跌得惨惨的，爬不起来。眼里也是恋人，心里也是恋人，嘴上念的是恋人，梦里想的也是恋人。情不知所起，一往而深。情不知所终，一往而殒。王维此诗一出，南国红豆，可就真的百年千载的，载了相思。

王维已是情窦初开，他要回去迎娶娇妻。回到蒲州，他中状元的消息早已经传回家乡，家乡人都出门来看活状元。他的弟弟妹妹们都长大了，拱围在母亲身边。二弟王缙扶着母亲，看着数载离别如今归来的大哥，又亲热又艳羡。此次回乡，王维迎娶刘氏女。王家好好的风光热闹了一场。夜来夫妻相对，红烛燃起，王维宛如在鲜花飞舞的世界里的心，渐渐沉静下来，花瓣落下，铺开一地，如同烂锦。他总觉得，眼前一切，如梦也似。

爱情嘛，就这么把两个人牵涉在一起，变成两个人的事。谁见过爱的独角戏呢？想来，世上情缘，如那个忧伤的小王子所说，哪怕这个世界上好花千朵万朵，都是没有意义的，只有手里这一朵，它是我的，于是对我来说，它就有了特殊的意义了。长长的一生，有一个爱的人共享四季，同眠一室，握着手喁喁细语，我说的你能听见，你说的我也愿意侧耳去听，一颦一笑皆是好日子，一粥一饭都是好滋味。此时王维泡在蜜水里，佛远在天边，爱近在眼前。

虽然有人说过，爱情就像一场白天和黑夜的火炬接力，只是不是白天跑得太急，就是黑夜接得太慢，永远没有那么浅浅的重叠，火炬终究是在日出前熄灭。但是，身陷爱情的人，并不觉得如此。栖鸟花月，燃情自知。

看过王维的一幅名画《雪溪图》，远近皆白，唯树枝青黑。水上有桥，行人急匆匆奔回家去。此必不是他此时情浓意蜜时所作，因为言为心声，画为心声，心里不凄凉冷清，他便不肯教画中人一个人孤单单往家奔，而近处屋舍落雪，别的屋里有人，他的房里不知道是不是他自己。此时花团锦簇，连画中滋味尚且不识。如帘幕未卷，剧情尚未演起来，一切跌宕起伏，都不在自己的心思里面，一切寂寞寒雪，也没有下在自己的生命里。

两个月假期倏忽过去，王维该上任了。结果他一上班就捅了一个大娄子，他掌管的伶人舞了黄狮子，犯了忌讳。在朝廷任职，需要万分谨慎小心，不可行差踏错。那是所谓的"尺寸地方儿"，就是言行都必须要规矩，要有许许多多的红线不能踏踩。偏偏王维就踩了其中一条。《唐语林》记载："黄狮子者，非天子不舞也，后辈慎之。"就是说，舞黄狮子节目，是专门给皇帝看的，皇帝未到场，谁来都不能演，否则就是犯律。

玄宗这个皇帝得来不易，杀人无算，流血盈渠。所以他格外看重皇权，也不许诸王和群臣交结。王维没当官前和岐王交结算是岐王礼贤下士，当上官了就不行了。更何况和岐王、薛王这些同姓王交结的何止一个小官王维，所以玄宗一定会清算。要清算就要找由头。王维身为太乐丞，他掌管的伶人舞黄狮子犯了规矩，就是一个微不足道的由头。首当其冲的就是太乐令刘侃，他被发配出京。王维作为下属受牵连，降为"济州司仓参军"。为官易得罪，微官易得罪，前头花团锦簇，如今时移世易。两手推不开是非门，两脚蹈入阴寒地。

微官易得罪，谪去济川阴

初出济州别城中故人

微官易得罪，谪去济川阴。

执政方持法，明君照此心。

闾阎河润上，井邑海云深。

纵有归来日，各愁年鬓侵。

我一介寒微小官儿，最容易获罪，结果一下子贬到了济水之滨。执掌政务者坚持按法办事，圣明君主其实没有贬斥之心。所过之处，村落坐落在黄河浸润的岸边，城镇的上空弥漫着湿云。就算还有还京之日，恐怕我们也都被岁月浸染了双鬓。

从京城赶到地方，参军比太乐丞官阶还卑微。唐朝各州各府所置参军，其实就是各种办事员。士子初入仕途，多是从这种小官当起。比如：户曹参军，掌的是户籍、计账、道路、徭役、赋税、婚姻等；司功曹参军，掌的是考课、祭祀、礼乐、学校、文书、俸禄、医药、丧葬等；冑曹参军，掌的是兵器、甲仗等；司仓参军，估计就是管仓库的办事员。还没有风光够，王维就被一脚踹下云头。原来羡慕他的，如今不羡慕了。原来妒恨他的，如今拍手叫好。甚至于有人说王维被贬，是因为他瞒着玉真公主，回家省亲的时候私自娶妻，玉真公主吃醋了……

刚刚金榜题名，洞房花烛，转眼就成了这个样子，像硬了的馒头、冷了的肉。当时的鲜花似锦，如今的一片枯落。樱花常常在一夜之间迅猛地开放。突如其来，势不可当。然后在风中坠落，没有任何留恋。日本人称之为花吹雪。王维想，世事真的是无常。这首诗里，有几句话耐人去想。什么叫"微官易得罪"？显然有官位更高的，人脉更广的，或者能够拿出大钱来行贿的，就都可以轻轻放过。哪怕是降降位置，也不至于被赶出朝廷。这样的因素聚合之下，王维被贬不可逆转。

济州在山东，长安在陕西。两地相距遥远。王维贬官之路，漫漫其修远。从天到地不过如此了。从繁华到衰落不过如此了。从做梦到梦醒不过如此了。年轻的状元郎心里一片冰凉。

西施咏

艳色天下重，西施宁久微。

朝为越溪女，暮作吴宫妃。

贱日岂殊众，贵来方悟稀。

邀人傅脂粉，不自著罗衣。

君宠益娇态，君怜无是非。

当时浣纱伴，莫得同车归。

持谢邻家子，效颦安可希。

　　长得漂亮的人向来就被天下人看重，西施又怎么能够长久地处在微末？所以她白天还是越溪的一个浣纱女，晚上已经入宫做了吴王的爱妃。她身份贫贱时和众人哪有什么不同之处，等她显贵世人方晓她丽质天下珍稀。身份贵重后自然有人替她敷脂抹粉，她连轻薄的罗衣上衣都不用自己抬起手指。君王宠幸愈发使她显露娇态，君王怜惜她做什么都是对。当时和她一起出门浣纱的同伴，如今可没资格和她一同坐车回。奉告西施的邻人东施，可别想着仅凭模仿西施的皱眉就能够上位。

　　王维心性较淡，并不常作咏史讽世、忧世伤生的诗。不作不是不会作。他生气的时候也会写。所以这首诗就很尖刻。因为他意识到自己是无妄之灾了。对于王维来说，他太难了。就像西施那样，你羡慕她得王宠爱，想效仿她？省省吧，哪那么容易呢。

　　他一定不知道，以后会有更大的落差，有更多的梦醒时分。世上的事没有最好，只有更好，也没有最坏，只有更坏。更何况他与同龄的诗人来说，并不算坏呢。但是世间际遇，幸福感和不幸福感不是靠比较的指数得来的，是自己的心里觉得幸福才是幸福，觉得不幸才是不幸。王维心思纤细敏感，对于世间风雨感受格外深切，又容易将个人遭际生发开去，看见众生的大悲哀。他的佛思便是随着他的一步步在生命中缓步深入，一点点生发出来。

朝与周人辞，暮投郑人宿

宿郑州

朝与周人辞，暮投郑人宿。

他乡绝俦侣，孤客亲僮仆。

宛洛望不见，秋霖晦平陆。

田父草际归，村童雨中牧。

主人东皋上，时稼绕茅屋。

虫思机杼鸣，雀喧禾黍熟。

明当渡京水，昨晚犹金谷。

此去欲何言，穷边徇微禄。

　　早晨才辞别了洛阳的亲友（洛阳在武则天时代叫作"周都"，生活在此地的人，当然就叫周人），傍晚就投宿到了郑州投宿。异乡已经没了伴侣，我这个孤单客子，连童仆都觉得亲近。洛阳城再也看不见了，秋雨连绵，天气阴黑了平陆。田间老父从草里回家，村里儿童在雨中放牧。主人家住东边田地，庄稼绕着自家的茅屋。虫儿阵阵，织机响得悲凉，鸟雀喧哗，禾黍已经成熟。明天将要渡过京水，昨晚我却还身在金谷。这一去还能说些什么？到穷苦边远之地，挣一份微薄俸禄。

王维离开京城是在七八月。他从长安出发，先到洛阳，从洛阳出发，到了郑州。此时他家已经搬到了洛阳。王维在《请施庄为寺表》里说："臣亡母故博陵县君崔氏，师事大照禅师三十余岁，褐衣蔬食，持戒安禅，乐住山林，志求寂静。"也就是说，王维的母亲崔氏跟着大照禅师学佛三十多年。崔氏于天宝九载（750年）去世，前推三十年的话，开元八年（720年），大照禅师正好是在东都洛阳做住持。那么，王维的母亲和家人移居洛阳，就比较合理了。——这样一来，王维回蒲州成亲，然后把母亲和妻子、弟弟妹妹一起接到洛阳安置，也可以理解。

洛阳和长安是大唐帝国的双子星。这个城市热气腾腾，官道上行人车马来来往往。它比长安还富裕，所以关中歉收的时候，皇帝就率后宫前朝，浩浩荡荡，"就食"洛阳，成为"逐粮天子"。因为这个原因，所以不少官员除了在长安有房，在洛阳也有房。岐王李范就是这样。所以那些来找门路以图仕进的人，会想办法在洛阳搭他的线。杜甫因为出身较高，所以小小年纪就能出入范宅。对于一个想要从政的新晋状元来说，想办法在洛阳置办房产，然后在仕途上大展宏图，是常规理想。只不过他没想到会一脚踩空。

他在洛阳和母亲、妻子、弟妹团聚数日，又和好朋友祖咏见了面。祖咏本身就是洛阳人。他也不是一般人。一次他参加考试，考题是作一首六韵十二句的五言排律，诗题是《终南望余雪》。他却只写了一首绝句就交了卷子，别人问他为什么不写完，他说意思都表达出来了，没必要再写下去了。

终南望余雪

终南阴岭秀，积雪浮云端。

林表明霁色，城中增暮寒。

确实，意思已经表达精尽，再写无非东拉西扯，没意思。于当止时止，能做出这个决断本就不容易，更何况是在考场上。这样一个风流才子的脾气，和王维的洁白美丽很投缘。

王维从洛阳继续东进，到了郑州，过了一夜，第二天，一早就又出发。一个人上路，把娇妻丢在家里，正是情热时分，却孤孤单单。除了童仆，再没有别的亲热的人了。偏偏正赶上下雨，天阴得沉黑，农夫肯定是在田里拔草，如今冒着雨往家跑，放牛的小孩稀罕下雨，赶着牛在雨里晃晃悠悠。昨晚还宿在金谷呢，明天就得渡过京水了。心里不是不怨的，因为到这边远之地，只是为的挣这一份微薄的俸禄。他的心情也和天气一样，湿得想滴水。心情沉沉地赶着路，一抬头，到荥阳界了。

早入荥阳界

泛舟入荥泽，兹邑乃雄藩。

河曲间阎隘，川中烟火繁。

因人见风俗，入境闻方言。

秋野田畴盛，朝光市井喧。

渔商波上客，鸡犬岸旁村。

前路白云外，孤帆安可论。

这个时候，他的心思已经放下了一些沉重，有心情抬眼四处看一看了。他是天生的诗种子，对于美有天然的爱好。所以在他的眼里，坐着船在河上漂流，到处看过去，因为村庄繁盛密布，把河道也挤得曲曲弯弯。耳边又听到了当地的方言，风俗显然与他所熟悉的也不一样。秋天的田野，一派丰收景象，早晨醒来，市里喧喧嚷嚷。渔人在河上就开始做起生意来了，岸边的村庄里响起了狗叫唤鸡打鸣。看着看着，倏然心头一紧，又想起来自己那被断送的前程："前路白云外，孤帆安可论。"他又觉得路远，又觉得孤独了。唉。前脚当状元，后脚被贬官。他还是一个二十来岁的小青年哩。除了少时父亲去世，他还没有经受过什么大的挫折哩。还小哩。

虽与人境接，闭门成隐居

济州过赵叟家宴

虽与人境接，闭门成隐居。

道言庄叟事，儒行鲁人余。

深巷斜晖静，闲门高柳疏。

荷锄修药圃，散帙曝农书。

上客摇芳翰，中厨馈野蔬。

夫君第高饮，景晏出林闾。

虽然赵叟住的地方和人境相接，蛮热闹的样子，但是关起门来，就可以隐居。虽是一个农村的老头子，但是和庄子一样安贫乐道，而且说话行事又有儒门风范。曲巷深深，斜晖静静，闲门紧闭，高柳疏稀。扛锄侍弄侍弄药圃，把农书伸展开，在太阳底下晒晒。客人到来，欣赏主人的翰墨文章，主人则在厨房准备乡野时蔬。朋友们畅快饮酒，日暮方离乡野之门。

终于，济州到了。按部就班地报到、上班。也免不了会有一些关于刚报到的新人的闲言闲语，有的时候会被他听见。听见了又怎样呢？深秋时分，黄叶遍地，有的时候会出门走走，看看天色，听听风声，觉得可以把这些搬上画纸，也可以把这些写成诗。他的工作是库管，用写诗作文的手记仓库一出一入的账簿，随时备上司查验。闲来无事，一个人坐在库房，拿一卷书看。时日渐长，心思渐静，连天飞尘如今漫漫落下，心里的世界到处一片黄尘。他在济州司仓参军任上四年多的时间里，虽说不上广结广交，但是有机会的时候是会到处走走看看，齐、鲁、冀一带都去过，和隐者、贤人、村庄老人也都有过交往。那首《济州过赵叟家宴》就写于此时。

在此地，他结识了一个道士，来自泰山，姓焦。因为有道行，所以被人尊称为"炼师"。

赠东岳焦炼师

先生千岁余，五岳遍曾居。

遥识齐侯鼎，新过王母庐。

不能师孔墨，何事问长沮。

玉管时来凤，铜盘即钓鱼。

竦身空里语，明目夜中书。

自有还丹术，时论太素初。

频蒙露版诏，时降软轮车。

山静泉逾响，松高枝转疏。

支颐问樵客，世上复何如。

他夸这个焦炼师一千多岁，住遍五岳，是有大本事的大隐士。此时的王维崇佛，但不是一个佛弟子。他对于道家也并不排斥。

他还结识了济州的四个人，命名为四贤，给他们写了三首诗。一首是《济上四贤咏·崔录事》：

> 解印归田里，贤哉此丈夫。
> 少年曾任侠，晚节更为儒。
> 遁迹东山下，因家沧海隅。
> 已闻能狎鸟，余欲共乘桴。

从诗里看，这是一个解印归田的官员，是个贤明的男子汉大丈夫。年轻时任侠，年老成了儒生。隐居在东山之下，家住在沧海之隅。王维听说他能够和鸟相亲，显然是一个融于自然的人，所以他很羡慕，也想和这个崔录事一起乘船出行。

一首是《济上四贤咏·郑霍二山人》，一首诗里写了两个人：

> 翩翩繁华子，多出金张门。
> 幸有先人业，早蒙明主恩。
> 童年且未学，肉食鹜华轩。
> 岂乏中林士，无人荐至尊。
> 郑公老泉石，霍子安丘樊。
> 卖药不二价，著书盈万言。
> 息阴无恶木，饮水必清源。
> 吾贱不及议，斯人竟谁论。

年代久远，诗的版本不同，个别字句不一样，但是大体意思是这样的。

这首诗写得很不心平气和，说那些繁华世家的公子们承袭先人家业，蒙明主圣恩，小时候不好好学习，长大了在华轩乱跑乱颠——分明是满肚子草的草包，却占据着高位对着国事瞎出主意，指手画脚。和他们相对的是，那隐居山林的高士，却没有人推荐到至高无上的皇帝面前，搞得郑公只能老于泉石之间，霍子也只能安于丘山樊林。他们靠卖药为生，靠著书立言。他们不在恶木底下乘凉，喝水也一定是清泉。像我这么微贱的人怎么有资格议论他们呢，他们根本就是没有人有资格能够议论的！

王维对这两个隐士的态度十分推崇，对于尸位素餐的世家大族子弟非常厌恶。这几乎不像他写的了，那么愤世嫉俗，那么尖刻。

还有一首是《济上四贤咏·成文学》：

> 宝剑千金装，登君白玉堂。
> 身为平原客，家有邯郸娼。
> 使气公卿坐，论心游侠场。
> 中年不得意，谢病客游梁。

这个成文学是个中年人，家有白玉堂，显然是有钱有势的。论脾气，脾气不好；论心肠，心肠如同游侠。越是这样的人，越不容易得人心，导致他中年不得意，称病客游梁地。

他笔下的这几个人都很有性格，对于他形成很强烈的吸引。

来不言兮意不传，作暮雨兮愁空山

赠祖三咏（济州官舍作）

蟏蛸挂虚牖，蟋蟀鸣前除。

岁晏凉风至，君子复何如。

高馆阒无人，离居不可道。

闲门寂已闭，落日照秋草。

虽有近音信，千里阻河关。

中复客汝颍，去年归旧山。

结交二十载，不得一日展。

贫病子既深，契阔余不浅。

仲秋虽未归，暮秋以为期。

良会讵几日，终日长相思。

　　门户虚掩而人迹罕至，蟋蟀鸣叫而蟏蛸满室。年岁已晚而凉风已至，我的朋友你现在过得咋样？馆舍岑寂，离群索居，无人到来，无话可说。门庭闲而关闭，秋草上照着暗沉的落日。虽说我有你最近的音信，可是我们却相隔千里。而且你还跑去汝颍做客，去年才回你旧日山居。算一算咱们结交二十年，哪有一天能够舒心。我的先生啊你既贫又病，咱们的思念比你的贫病更深。你明明说仲秋来的，可是却没来。好吧，那咱们就约定暮秋的日子。好友相会能有几日哩，还不是整天你想我、我想你。

郓州东阿县有一座鱼山，王维在济州时曾在这一带游历。他听到了一个美丽的传说。干宝的《搜神记》里，记载了这个传说，说的是魏朝济北郡一个从事掾弦超，夜梦神女，自称姓成公，字知琼，早孤，天帝哀之，就打发她下凡嫁人，跟丈夫过日子，这样好有伴儿。弦超梦里夸她漂亮得不行，不是一般人儿。梦醒后，似幻似真。结果有一天，他在现实中真的见到了知琼，果然生得极美，而且极富贵，车有帷帐，八个丫鬟服侍，自称已经七十岁了，但是看上去只有十五六岁。她拿出稀有的酒器盛上美酒，又准备了饭菜，和弦超一起吃喝，对弦超说："我是天上神女，被派到凡间嫁人。我之所以想嫁您，是因为前世有缘，今世当为夫妻。虽说成婚后无甚益处，可也不会有害，倒是可以出有车，食有鱼，绫罗绸缎任穿任选。就有一样，我是仙人，生不出儿子，不过也不会有妒忌心，所以你尽管娶妻生子。"于是弦超和她成就夫妻，这样过了七八年。弦超的父母为弦超娶了媳妇以后，她就隔一天来和弦超吃饭，隔一夜来和弦超睡觉，夜来晨去，来去如飞，只有弦超能够看到她，别人都不成。虽然看不见，但是在紧闭的房间里，总能听到人声，打开门，人们也能看到弦超房间里有人来过的痕迹。人们都特别奇怪，问弦超怎么回事。弦超终于说了实情。知琼说："我是仙人，不愿让人知道你我私会，可您却大嘴巴藏不住话。如今你已经泄了我的底，我虽然难过，但是仍旧要走了，各自珍重吧。"于是她和弦超又吃了一顿离别宴，流泪告别。弦超后悔不迭，卧床不起，很长时间才缓过劲来。五年后，弦超出差到洛阳，来到济北郡鱼山脚下的小路上时，巧遇知琼的车马。二人重逢，又悲又喜，于是知琼让弦超上车，一起到洛阳，继续做夫妻，恩爱过日子。真是美丽的传说。

王维听得心荡神驰，作《鱼山神女祠歌二首》，且有一个长序：

张茂先《神女赋序》曰："魏济北从事弦超，嘉平中，夜梦神女来。自称天上玉女，姓成公，字智琼，东郡人。早失父母，天帝哀其孤苦，令得下嫁。后三四日一来，即乘淄軿，衣罗绮。智琼能隐其形，不能藏其声。且芬香达于室宇，颇为人知。一旦神女别去，留赠裙衫裲裆。"《述征记》曰："魏嘉平中，有神女成公智琼，降弦超，同室疑其有奸，智琼乃绝。后五年，超使将至洛，西至济北渔山下陷，上遥望曲道头有车马，似智琼，果。至洛，克复旧好。"唐王勃《杂曲》曰："智琼神女，来访文君。"按《十道志》："渔山一名吾山。汉武帝过渔山，作《瓠子歌》云，吾山平兮巨野溢是也。"

迎神

坎坎击鼓，鱼山之下。

吹洞箫，望极浦。

女巫进，纷屡舞。

陈瑶席，湛清酤。

风凄凄兮夜雨，不知神之来兮不来，使我心兮苦复苦。

送神

纷进舞兮堂前，目眷眷兮琼筵。

来不言兮意不传，作暮雨兮愁空山。

悲急管兮思繁弦，神之驾兮俨欲旋。

倏云收兮雨歇，山青青兮水潺湲。

出去看了迎神送神的巫祝歌舞，回到官舍，又开始想念好友祖咏。《赠祖三咏》写得这般哀怨缠绵，都有点不像王维的河汉清浅，颦笑轻轻。

其实王维一直就是一个性子和软的人，对朋友和对爱人的情绪都可以用得上"相思"。如今他离佛尚远，莲花着水，日月行空，心头情爱尚且青嫩，一切也还有所凭依。

第五章　春山空也

门前洛阳客，下马拂征衣

喜祖三至留宿

门前洛阳客，下马拂征衣。

不枉故人驾，平生多掩扉。

行人返深巷，积雪带余晖。

早岁同袍者，高车何处归。

啊，门前站的那是谁？原来是从洛阳远道而来的客人。难道我是在做梦？不，不，你看他正下马披拂衣上尘土哩。故人驾临，我可不能慢待，赶紧打开家门，我的家门啊，平时可是常年只关不开。路上行人返回幽深曲折的长巷，路旁积雪映着夕阳余晖。这是我早些年混着穿衣的好友啊，我不让他住我家，还能让他住哪里？

是个人都受不了这样的殷殷期盼，所以祖咏真的来了！是这样的喜出望外，是这样的欣然若狂。一扫平日的冷淡自持，现在的王维，拉着朋友的衣裳角，一迭连声地催："快快，快进屋。冷不冷？我给你烧点热水。""来，洗洗手脸，再泡泡脚。你等着，我给你做饭吃。"祖咏看着这个贬谪之后，面皮略有粗糙，眉间神色也有些郁悒的青年，摸摸他的头："别忙了，你先歇歇。"夜里，两个人躺在一盘炕上，火炕烧得暖暖的，你一句我一句地说着闲话。别时光景，家里情形，世上事，心头事……

答工维留宿

四年不相见，相见复何为？

握手言未毕，却令伤别离。

升堂还驻马，酌醴便呼儿。

语默自相对，安用傍人知。

我们有四年没有见面啦，相见了又能怎样呢？咱们的手交握在一起，话还没说完，就又要伤怀别离。作为长官要升堂理事，我不由得驻马观望。我们想要喝酒，就让仆从斟杯。咱们说话也好，沉默也罢，二人相对，情意自在，哪里用得着旁人得知。

王维贬官后，是从洛阳到济州。当时一别，四年后才再次重逢。这时候，已经是开元十三年（725年）了。那样的年代，见面不易，越发显得情分深长，如糖蘸蜜，又像藕节一样，虽被时空斩断，却连着拉不断扯不断的丝。

千里相会终有一别。祖咏又要走了。

齐州送祖二

送君南浦泪如丝，君向东州使我悲。

为报故人憔悴尽，如今不似洛阳时。

　　我把你送到南浦，眼泪如丝。你要向东州而去，空余我伤悲。你我相交一世，分离如斯令人憔悴。如今不似身在洛阳，能够时时相会。

　　当初在洛阳那个牡丹盛开的地方，两个人交往，一切都有希望，一切都未失败。人生长途，未曾颠蹶，言来语去，都是未来。既料不到跌跤，也料不到分离。如今却是这些都经历过了，彼此都添了憔悴。再想回到洛阳那时候，也回不去了。不是洛阳回不去，只是回去了洛阳，大概也已经不是原来的那两个人了。人生总是别离苦，人生总是在别离。

　　这时候，王维的上司是裴耀卿。开元十二年（724年）十月，裴耀卿任济州刺史。裴耀卿生于681年，一生行状都在官场：他出身河东裴氏南来房，考中童子举，历任秘书正字、相王（李旦）府典签，出任长安县令，于725年迁济州刺史。后来乃至于封侯拜相，六十三岁去世后追赠太子太傅，谥号文献。他来济州任上，王维还当着他的管仓库的小官。

　　裴耀卿一来，就赶上了玄宗的泰山封禅。早在唐高宗的时候就搞过泰山封禅，势派很大。那是麟德二年（665年）十月的事，高宗率文武百官、扈从仪仗，武后率内外命妇，封禅车乘连绵数百里。而且还有突厥、于阗、波斯、天竺国等国的使节和酋长随行。

　　到了十二月，这么多人云集泰山，在山下南方四里处建圆丘形状的祀坛，上面装饰五色土，号"封祀坛"；在山顶筑坛，号"登封坛"；在社首山筑八角方坛，号"降禅坛"。

到了第二年的二月，高宗先在山下"封祀坛"祀天；次日登岱顶，封玉策于"登封坛"；第三日到社首山"降禅坛"祭地神。

高宗行初献礼毕，武后升坛亚献。封禅结束，接受群臣朝贺，下诏立"登封""降禅""朝"三碑，称封祀坛为"舞鹤台"、登封坛为"万岁台"、降禅坛为"景云台"，改元乾封，改奉高县为乾封县。

不说别的，单说这车马众人，沿途接待，要给地方官员找多大的麻烦。

唐玄宗也想要封禅，于是照着高宗的老路子又走了一遍。

这么一件大事，裴耀卿和他的手下人都开始忙碌了。

杨柳青青渡水人

寒食汜上作

广武城边逢暮春，汶阳归客泪沾巾。

落花寂寂啼山鸟，杨柳青青渡水人。

我来到广武城边，恰好是三月暮春。我是从汶阳归来的客子，如今泪湿衣巾。落花无声，山鸟啼鸣，杨柳青青，江上有渡水的人。

这首诗作于开元十四年（726年）。王维在济州司仓参军任上的四年任职已满，启程归京，走水路至广武城，正值暮春寒食节，想起这四年贬值，悲欣交集。王维离任赴京，是在玄宗泰山封禅之后。

开元十三年（725年）十月，玄宗率百官、贵戚及外邦客使，东至泰山封禅。从洛阳出发，浩浩荡荡，法驾仪仗罗列，山下延伸百余里。从人留于谷口，皇帝和宰相、大臣、礼官登山。上坛祭祀昊天上帝，下坛祭五帝百神。祭祀礼毕，藏玉册于封祀坛之石礩，然后燔柴。火焰熊熊燃烧，群臣高呼万岁，山谷震动……如此这般，一番功夫做下来，然后大赦天下，流放的人还没回家的统统放归还家。内官外官，三品以上，均赐爵一等，四品以下赐官一阶，登山官封赐一阶……

泰山神受封为天齐王，礼秩加三公一等，近山十里，禁其樵采。此外还要亲幸孔子宅，亲设奠祭。这么连篇累牍地大搞一番，然后再回到洛阳。

济州是从长安到泰山的必经之地。此地地广人稀，百姓日子难过——否则何至于王维贬官会贬到这里。如果贬到富庶之地，那还叫贬吗？

路上一来一回，各种支应供给，全都由地方承办。"车驾东巡，州当大路，道里绵长，而户口寡弱，耀卿躬自条理，科配得所。"显然，这次接待任务完成得很妥当，百姓也没有背上过重的负担。

皇驾路经十几州，济州的事办得最妥当，玄宗很满意，对这个裴耀卿在脑子里挂上了号。封禅罢，回去路上，玄宗还说呢："裴耀卿上书数百言，至曰'人或重扰，则不足以告成'。朕置书座右以自戒，此其爱人也。"（《新唐书·裴耀卿传》）

此后，裴耀卿就从北方到了江南的宣州做刺史，也做出了很不错的政绩，开元二十三年（735年），裴耀卿调任侍中，翌年升为尚书左丞相，参知政事，封为赵成侯。天宝元年（742年）改任尚书右仆射，时间不长又改任左仆射。次年（743年）病卒，赠太子太傅，谥曰"文献"。这基本上就是他一生的行状。

此时他来到济州，并不知道日后怎样。不过他是一个脚踏实地干事的官员，这一点是很投王维的脾胃的。

开元十四年（726年），黄河泛滥，灾及周边，数千人死伤。灾情过后是疫情，济州也出现了病疫。一方面裴耀卿亲自带队，修堤筑坝，一方面向朝廷申请经费，连夜写好奏折送去朝廷，同时又张罗着开仓放粮，办粥厂。好容易洪水退下，灾疫得到遏制，不再蔓延。裴耀卿调任。裴耀卿离开济州后，济州百姓为裴立功德碑，碑文是王维写的，很长：

> ……公之断狱也，必原情以定罪，不阿意以侮法，是以小失天旨。出为此州刺史，公推善于国，不称无罪，思利于人，志其屈己。戮豪右以惩恶，一至无刑；旌孝弟以劝善，洪惟见德。然后务材训农，通商惠工，敬教劝学，授方任能。行之一年，郡乃大理。襁负而至，何忧乎荡析之人？路不拾遗，何畏乎穿窬之盗？既富之矣，汲黯奚取于开仓？使无讼乎，仲由何施其折狱？

除了以上这些日常政绩外，特地写到了泰山封禅事：

> 士卒林会，马牛谷量，皆投足获安，端拱取给，无虞燥湿，不畏寇盗。草莽之中，用能便其体；羁绁之外，无所劳其力。

这么大的事，皇帝过境，裴耀卿也做到了不让百姓在钱财和劳力上负担过重。甚至于在劳力方面，是由在押囚犯出工的，百姓基本不受其扰，这就很了不起了。结果就是"大驾还都，分遣中丞蒋钦绪、御史刘日政、宋珣等巡按，皆嘉公之能，奏课第一"。

结果偏偏调令下来的时候，济州也遭了水灾。

> 公急人之虞，分帝之忧，御衣假寐，对案辍食，不候驾而星迈，不入门而雨行。……公亲巡而抚之，慰而勉之。千夫毕饭，始就饮食；一人未息，不归蘧庐。

王维写这篇碑文的时候，也已经离开济州。

玄宗泰山封禅，颁布赦令。获罪贬谪的官员也在大赦之列，当然包括王维。所以，他已经于开元十四年春天，寒食节前离开济州西归了。他经广武、汜水，作《寒食汜上作》这首诗。

又回来了，心情好复杂，又想哭又想笑。眼里也看得见落花了，耳里也听得见鸟鸣。外放四年多，恍如一场梦。

爱染日已薄，禅寂日已固

偶然作·其三

日夕见太行，沈吟未能去。

问君何以然，世网婴我故。

小妹日成长，兄弟未有娶。

家贫禄既薄，储蓄非有素。

几回欲奋飞，踟蹰复相顾。

孙登长啸台，松竹有遗处。

相去讵几许，故人在中路。

爱染日已薄，禅寂日已固。

忽乎吾将行，宁俟岁云暮。

　　早晚都能看得见太行山，心头沉吟也没能离开。问我怎么会这样，是世事尘网把我网得不能动。小妹一天天长大，我的兄弟们还没有婚娶。家里贫穷而俸禄微薄，平时都没有储蓄。好几回都想着振翅飞走了吧，又犹豫着回了头。孙登长啸之处有高台，松竹之间有遗迹。相距也没有多远的路，故人就在中路。为外界欲望浸染的情绪已经一天一天地淡薄，而寂静的佛性一天一天地加固。不定什么时候我就要走了啊，怎么能等到岁晚日暮。

王维作这首诗的时候，应该是在淇水做官。王维遇赦而回的时候，原本是有机会回朝廷的，一个叫韦抗的刑部尚书推举他任掌事一职，结果王维还没到京，韦抗病逝，这事儿就搁浅了。多少人盯着一个位置，没了撑腰的人，王维当然只能被人挤下去。这个事情不足以让他心灰意冷，他原本也不是李白那样情绪特别磅礴激烈的人，跌跌宕宕。李白是高兴了如登高山，如揽明月，失意了如坠深渊，如披霜雪。王维只是觉得周身有些凉，如此而已。

这个时候，他结识了一个叫房琯的卢氏县令。房琯出身清河房氏，选为弘文馆学生，好学有风仪，且作风沉稳，心性淡泊，曾隐居陆浑山十几年，潜心读书。

王维给他写了一首挺长的诗：

赠房卢氏琯

达人无不可，忘己爱苍生。

岂复少十室，弦歌在两楹。

浮人日已归，但坐事农耕。

桑榆郁相望，邑里多鸡鸣。

秋山一何净，苍翠临寒城。

视事兼偃卧，对书不簪缨。

萧条人吏疏，鸟雀下空庭。

鄙夫心所尚，晚节异平生。

将从海岳居，守静解天刑。

或可累安邑，茅茨君试营。

在这首诗里，他表达了想到卢氏去找房琯结庐隐居的愿望。不过很快，开元十五年（727 年），王维就接到命令，让他到淇上做一个无关痛痒的小官。仍旧不能回到京城。

至于淇上在哪里，有人考证在河南东北部，靠近洛阳。王维不是一个创作欲望特别蓬勃、手不停挥的诗人。李白现存诗作一千多首，杜甫现存诗作一千多首，苏轼现存词作两千多首，王维现存诗作四百多首。这四百多首不足以描摹他的生活轨迹和生活状态，所以很多空隙需要后人用想象描补。所以淇上在哪里，也需要后人推断。这一年，王维二十七岁，他的弟弟王缙中了"高才沉沦草泽自举"科，还未授官。

既然如此，那么他下面这首诗又是怎么回事：

淇上田园即事

屏居淇水上，东野旷无山。
日隐桑柘外，河明闾井间。
牧童望村去，猎犬随人还。
静者亦何事，荆扉乘昼关。

"屏居"，应当就是屏却一切尘劳而隐居的意思。他在淇水隐居，居处平旷无山。太阳隐没在桑柘树外，河水明映着人家闾井之间。有牧童远远地望着村庄行去，有猎犬跟着人一起还家。心性安静的人能有什么事呢？就是大白天都把柴门紧关。这么看起来，好像真的是在隐居淇上。这样一来，这首诗和上面的诗就冲突了。怎么说呢，其实隐居未必是一定要弃官才能算作隐居。如果是一个闲散小官，公务不忙，在淇水赁上那么一所小房，平时少交游，白天也关门，好像也算得上隐居的范畴。半仕半隐了解一下。而且王维在淇上的时间不过一年多，也达不到他真正隐居山野的条件。所以我们真的可以把这种情况埋解成王维的半仕半隐。对于一个二十八九岁的青壮男子，能够安于半仕半隐，已经是很了不得的心性，一个字：稳。而且这个时候，他的佛性一直在打磨，所以才会有"爱染日已薄，禅寂日已固"。

世间爱恶欲望，浸染人心，极其猛烈。绝大多数人都不知不觉沉沦其中。王维青壮男子，却能够屏却爱染，修炼禅寂功夫，也算他的本事。

菊花空满手

偶然作·其四

陶潜任天真，其性颇耽酒。

自从弃官来，家贫不能有。

九月九日时，菊花空满手。

中心窃自思，傥有人送否。

白衣携壶觞，果来遗老叟。

且喜得斟酌，安问升与斗。

奋衣野田中，今日嗟无负。

兀傲迷东西，蓑笠不能守。

倾倒强行行，酣歌归五柳。

生事不曾问，肯愧家中妇。

　　陶潜是一个天性真实的人啊，他的性子挺喜欢喝酒。自从弃官回了家，没钱就不能买酒。到了九月九日饮酒登高的日子，只把菊花采了满手。心里悄悄地想着，是不是有人给自己一点酒。乡野之人拎着一个酒壶，果然来送给他这个老头。真开心又能喝起来了，哪里还管它几升几斗。在田野里努力劳作过，今天却什么也没能收。性情傲兀不辨东西，披的蓑戴的笠都随处乱丢。喝得歪歪倒倒勉强行路，一路唱着歌回了五柳。生计的事也不曾过问，愧对家里扫地的扫帚。

——这首诗写得歪歪倒倒，就像一个人喝了酒说醉话，走醉路，一路迤逦斜行，妙趣横生。然而，这却是王维在淇上仟职时心情苦闷，写来消遣的。

能作这样的诗的人，也必定摆脱不开的一个属性曰"宅"。陶渊明的《归去来兮辞》简直就是脱离社会人的序列，向着自然人的属性飞奔的宅男宣言，对于宅人生活来说，太诱人了。所以王维对于陶渊明有一种天然的认同。陶渊明在彭泽做了八十一天的县令，然后辞官，赋《归去来兮辞》。

王维虽未辞官，行踪是很散漫的，经常去长安、洛阳。开元十七年（729 年），他在长安结识了孟浩然。这一年的八月五日，玄宗生日，于花萼楼下宴请百官。这个时候，百官上表，请以每岁八月五日为千秋节，全国上下，都要张灯结彩，宴乐庆祝。上一年，孟浩然冬天赴京，要应今年春天的试。两个山水田园派诗人历史性地见了面。

孟浩然比李白和王维都大十二岁，生于襄阳。他走的也是这条漫游求仕的路子，二十五岁到三十五岁间，辞亲远行，在长江流域漫游，交朋友，谒公卿，求进身。

开元五年（717 年），游洞庭湖。为了干谒张说，写了一首《望洞庭湖赠张丞相》：

八月湖水平，涵虚混太清。

气蒸云梦泽，波撼岳阳城。

欲济无舟楫，端居耻圣明。

坐观垂钓者，徒有羡鱼情。

八月洞庭湖水暴涨几乎与岸相平，水天一色迷离难辨交相辉映。云梦大泽白茫茫水汽蒸腾，波涛汹涌似乎把岳阳城撼动。我想要渡湖却苦于找不到船只，圣明时代闲居又觉愧对明君。坐看垂钓之人多么悠闲自在，可惜只能空怀一片羡鱼之情。

意思当然是求汲引：张丞相啊，你们钓鱼，我也想钓啊，帮我在湖边找一个位子吧。结果也没结果。

后来孟浩然又在开元十二年（724 年）跑到洛阳去，因为玄宗当时在洛阳。他想离皇帝近点儿，好求个官儿。结果待了三年，也一事无成。

开元十四年（726 年）夏秋间，孟浩然于淮扬一带结识李白。孟浩然长得很帅且有才，李白仰慕他。两个人一起在江夏玩了一个月，然后孟浩然要去广陵，两个人在黄鹤楼作别。

送孟浩然之广陵
故人西辞黄鹤楼，烟花三月下扬州。

孤帆远影碧空尽，唯见长江天际流。

两个人一别就是十年。此后李白入赘许氏，奔波求官，孟浩然则赶赴长安参加科举考试。门路走不通，没办法了，想着硬碰硬。

他作诗《长安早春》：

关戍惟东井，城池起北辰。

咸歌太平日，共乐建寅春。

雪尽青山树，冰开黑水滨。

草迎金埒马，花伴玉楼人。

鸿渐看无数，莺歌听欲频。

何当桂枝擢，归及柳条新。

看看，特别急切的功利心，想着什么时候能够蟾宫折桂。没办法，谁没有一个建功立业的梦呢？但是，他却也科举不中。杜门不欲出，久与世情疏。

送孟六归襄阳（一作张子容诗）

杜门不欲出，久与世情疏。

以此为长策，劝君归旧庐。

醉歌田舍酒，笑读古人书。

好是一生事，无劳献子虚。

关上门，别出来，和世情拉开距离，回老家过安生日子。没事喝田舍自酿的粗酒，喝醉了就唱唱歌，高兴了就看看古人写的书。这样一生就过去了，何必要辛辛苦苦干谒投献追逐功名呢。王维是拿自己的心情为模板，劝说孟浩然。

开元十七年（729 年），孟浩然和王维相识，结交。两个人虽然岁数差得大，却结成忘年交。王维还给孟浩然画像呢。就在这一次，孟浩然留下一个传说。说的是他和张说其实挺有交情的，张说还曾经私下里邀请他进内署。结果好巧不巧的，玄宗来了，吓得孟浩然躲进床底下。张说不敢隐瞒欺君，如实告诉了玄宗。玄宗也觉得有趣，把他从床底下叫出来。孟浩然大礼参拜，吓得脸都白了。玄宗说："张爱卿说你诗作得好，试作一首如何？"孟浩然是个有捷才的，果然就自作了一首，里头有一句"不才明主弃"，玄宗不高兴了："卿不求仕，而朕未尝弃卿，奈何诬我！"——是你不求官，又不是我放弃你，你干什么这么诬陷我。所以，你还是回你的老家去吧。把他放归襄阳。

这个故事却在《新唐书》里另有说法：

> 维私邀入内署，俄而玄宗至，浩然匿床下，维以实对，帝喜曰："朕闻其人而未见也，何惧而匿？"诏浩然出。帝问其诗，浩然再拜，自诵所为，至"不才明主弃"之句，帝曰："卿不求仕，而朕未尝弃卿，奈何诬我？"因放还。

也就是说，这个故事有两个版本，一个是孟浩然藏在王维床下，一个是孟浩然藏在张说床下，结果被玄宗掏出来，让他念诗。就算传说不尽不实，但是王维和孟浩然的交往是真的。同为诗人，声气相求，王维和孟浩然一起交游，直到孟浩然离京。孟浩然归乡，王维为其送行，作《送孟六归襄阳》这首诗相送。一说这首诗是唐人张子容作的，一说是王维作的。王维此时的心情就是恨不得解职，恨不得退休。这一年，王维二十九岁。还年轻呢，心境就已经这样散淡退缩。只能说这是天性所关了。后来孟浩然就漫游吴越，遍览山水去了。临走的时候，给王维写了一首诗：

留别王维

寂寂竟何待，朝朝空自归。

欲寻芳草去，惜与故人违。

当路谁相假，知音世所稀。

只因守寂寞，还掩故园扉。

再后来，开元二十五年（737 年），张九龄为荆州长史，把孟浩然招至幕府。但是他年龄越发大了，好像受不了这种上班的生活了，不久又回了老家。

开元二十八年（740 年），王昌龄贬官，途经襄阳，访孟浩然，二人相谈甚欢。

孟浩然背上长了毒疮，本来已经快要病愈，郎中嘱咐他不可以吃鱼鲜等发物，一定要忌口。只是孟浩然原本便与王昌龄、王维、李白等人都是好友。如今老友相聚，孟浩然设宴款待，相谈甚欢。宴席上有一道菜是汉江中的查头鳊做成，味道极为肥美。孟浩然忘乎所以，食指大动，举箸入口，最终疮发而死。真是一个悲伤的故事。

孟浩然是盛唐山水田园诗派第一人，王维尚在他之后。

此时王缙应该已经成家了，而且也做了官。王维离京这几年，都是王缙一手支撑门户。和哥哥比起来，他的才气是比不上，但是做人做官的经验远胜哥哥。一方面王维和人世总有一种距离感，就像佛家人看俗世一样，雾里看花，又有微妙的抗拒和不认同。王缙不一样，他是很认真地生活在俗世，一点也没有被母亲和哥哥的信仰影响到。他是一个活得很认真的俗世人。越是这样的人，越把在俗世中处关系、琢磨升迁呀这样的事当成学问，越琢磨越活得认真，活得明白，活得风光。说白了，想要活得好，就要想得少。

王维现在的生活状态很是闲散，在长安也好，在洛阳也好，或者这两地附近，交交友啊，参参禅呀。他甚至在嵩山也有了一处隐居的地方。

归嵩山作

清川带长薄，车马去闲闲。

流水如有意，暮禽相与还。

荒城临古渡，落日满秋山。

迢递嵩高下，归来且闭关。

——他还这么年轻，却活得这么淡，而且越活越淡。

杜甫还到处交朋友，裘马清狂呢，李白更是呼朋唤友，高歌豪饮。王维就这么清清淡淡。

王维此人，说懒不是懒，说狂不是狂，他是疏懒。那种阳光透过窗格子洒进屋内，一格格、一栅栅，一同洒进来的，还有一枝斜斜的花枝的影。一种懒懒的、稀疏疏的、无心无意的，不精心经营什么，却透着一种自来的美的态度。

人闲桂花落，夜静春山空

鸟鸣涧

人闲桂花落，夜静春山空。

月出惊山鸟，时鸣春涧中。

王维到吴越漫游，吴越有一个叫皇甫岳的朋友，有一栋云溪别墅。他去拜访朋友，也住在那里。风景实在太好，所以他一气写了一组诗《皇甫岳云溪杂题五首》，第一首就是《鸟鸣涧》。

人的生活状态是安闲的，心情是闲静的，才会注意到花瓣的掉落。夜色如此之静，万物都不发出声响，整个春天的山都显得好像是空的一样。可是皎洁的月色一旦铺展，本来埋头翅间的山鸟也吃了一惊，咦，天亮了吗？于是就彼此带着疑问地鸣叫一两声，好像在遥相应答："天亮了吗？""不知道呀。"听在人的耳朵里，就是时不时地"啾啾"地叫一声。可是越叫，夜色显得愈静，而月色却浩浩荡荡地铺展在天地之间。

整首诗是风景，是山园，也是禅。

王维的山水诗，总体意境偏向静谧，就如此诗，明明诗中写的是花落、月出、鸟鸣，但是这些动景无一不显得妥帖宁谧。就好比"蝉噪林愈静，鸟鸣山更幽"，静而愈动，动而愈静，是和谐的矛盾体。而能写出这动静皆宜之景的王维，他作诗时的心绪，想必也是闲静的。因为人闲了才能觉出桂花飘落，夜静了才显得春山空空。不过这种闲和空都是一时的，一旦被打破了，心中的山鸟就会啼鸣。

修心如同修春山。就像一首禅偈说的：江月照，松风吹，永夜清宵更是谁？雾露云霞遮不得，个中犹道不如归。复何归？荷叶团团团似镜，菱角尖尖尖似锥。

《证道歌》说："佛性戒珠心地印，雾露云霞体上衣。"人的自性光明，就如同戒珠一般光明圆润。人的自体无垢，就像着上了雾露云霞。可是这个并没有达到彻底的空，因为还有戒珠和云霞这样的外物。真正的禅静禅空，其实就是像明月江上照，松风树间吹。一切都是自自然然，真真切切，好比荷叶团团似镜，菱角尖尖似锥。也好比桂花自然落下，春山处处皆空。

这个时候，王维已经开始师从大荐福寺的道光禅师学顿悟法门了，时称顿教。王维写的《大荐福寺大德道光禅师塔铭序》云：

> 禅师讳道光，本姓李，绵州巴西人。……春秋五十二，凡三十二夏。以大唐开元二十七年五月二十三日，入般涅槃于荐福僧坊。门人明空等，建塔于长安城南毕原。人天会葬，涕泗如雨。禅师之不可得法如此。其世行遗教，如一切贤圣。维十年座下，俯伏受教。……

这篇塔铭写于开元二十七年（739 年），王维从其受教十年，也就是从开元十七年（729 年）开始。

大荐福寺在长安开化坊，道光属于南宗惠能的顿悟教派。禅宗五祖弘忍与徒众论道，上座神秀书偈曰："身是菩提树，心如明镜台。时时勤拂拭，莫使惹尘埃。"惠能正在厨下碓米，听人唱念，摇头曰："美则美矣，了则未了。"然后这个不识字的火头僧请人替他在墙上书偈一首："菩提本无树，明镜也非台。本来无一物，何处惹尘埃。"于是弘忍把衣钵传他，因为觉得惠能境界高。于是禅宗分为了南禅和北禅，北禅以神秀为尊，为渐修派；南禅以惠能为尊，为顿悟派。

所谓顿悟就是明光乍现，一下子开悟的那种。好比人生实苦，如挑担上山，一朝想透，如担子放下，一步登顶，无限风光铺在眼前，从此心净如尘。但是，若从实际上来论，哪有那么多能够顿悟的人，灵台如镜，时时蒙尘，大家都是一步步走，一步步扫，扫完再次蒙尘，蒙尘再次清扫，无止无歇。就好比唐僧西行路上挂单寺院，于寺中扫塔，每一层都需清扫，每一层的每一阶都需清扫。今日扫净，他日蒙尘，又需从头扫来。就算唐僧不来，也有别的扫塔僧人做这份功课。世上人际遇时高时低，得意与失意轮换交替，如钟摆运行般高高低低。一路行来，一颗心不断蒙尘，尘垢堆积，行走如背铁块，脚步蹒跚，若不清扫，不得解脱。若要清扫，需要时时、处处、事事。想起来，还是顿悟省事，如霹雳闪电，"咔嚓"一声，想开悟透，从此清净无烦恼。

王维的人生也经历了这样的钟摆一样的心路过程。

第六章

风沙起也

愁心视春草，畏向玉阶生

杂诗·其三

已见寒梅发，复闻啼鸟声。

愁心视春草，畏向玉阶生。

寒梅已经在眼前绽放，耳边又听见啼鸟的声音。时序已经从初春到了仲春。春草如今又生长茂盛，仲春又到了暮春。可是我却怕春草长到玉阶，因为这样寂寞的滋味实在难忍。

这首诗抒发别后相思，生别是别，死别更是别。其实，怎么说呢。尘世给人的磨炼，不会只一次，也不会只一种。

花团锦簇之后一脚踩空，一场美梦之后突然睁开眼睛，像这样的事情，谁都经历过。王维现在母亲身子健旺，妻子婉顺柔和，兄弟和睦，生计总的来说过得去。此时的学佛修禅，一方面建立在他原本就平静淡然的心境上，另一方面，世事无牵缠，这更像是一种业余爱好。尤其是现在他的妻子怀孕了，月份越来越大，他当父亲的心情越来越迫切，修禅这种事情，暂时退位给了一个即将降临的小生命。王家的长子长孙呢。妻子月份小的时候孕吐严重，刚一好些就开始着手做孩子的小衣裳。王维看着还不如自己一根手指长的小鞋小袜，觉得真神奇。母亲也一遍遍在佛堂念经，一求母子平安，二求生个大胖小子。王维自己在纸上写了好多王姓的名字，他自己都觉得眼花了，不知道哪一个更好听。

但是，谁也没想到，孩子生下来了，却是个死胎。一家人都盼着这个孩子，一家人都披霜覆雪。王维的妻子哭死在炕上。她产后虚弱，整日哭泣，身体迅速垮了下去。很快，她也走到了生命的尽头。

王维不是李白。李白是个浪子，一辈子钟情在路上，家庭观念十分淡薄。第一任妻子死后，他后来又先后和好几个女人生活过。王维也不是杜甫。杜甫是个极其看重家庭的人，他和妻子一生相濡以沫，他奔波逃难，都是带着妻子和孩子的。王维虽多才多艺而性情清淡，所以他和妻子的情分就是一种小桥流水声声潺湲、细草萋萋白石历历的图景。夫妻感情不浓烈，但是柔绵。孩子一降生就已经死去，这对于王维来说已经是个晴天霹雳。妻子很快也悲痛不止，撒手西归，更让王维觉得人生如梦。

人生是被欲望催动的。社会也是被欲望催动的。所以人间原本就是一个庞大的欲海。爱了，就想要一生相伴，这是最朴素的欲望。但是，爱而别离，求而不得，又是最常见的世态，就像李商隐的诗："巧啭岂能无本意，良辰未必有佳期。"

说起来，李商隐是一个悲剧性格的诗人，他对于情爱的追求比之王维要深浓：

昨夜星辰昨夜风，画楼西畔桂堂东。

身无彩凤双飞翼，心有灵犀一点通。

隔座送钩春酒暖，分曹射覆蜡灯红。

嗟余听鼓应官去，走马兰台类转蓬。

越是这样，也越是能够体会到爱而不得的悲哀："人世死前唯有别，春风争拟惜长条。"

行道羁旅，流转浮沉，荒城茅店，树暮云黄。王维心里一派苍凉。日后他的这份苍凉都铺在了画纸上，那是百苦沉淀后的无声的哭喊和有声的沉默。

如同他的《江干雪霁图》，远山近山，远树近树，远屋近屋。屋前二人，一人挂杖而立，一人行礼如仪。看样貌应是老者，满篇画作，有叶无花。有满山风色，有疏阔人情，却没有爱情的影子。爱情已经没了。

如今，他正在体会的求不得和爱别离如同鞭子，抽得他这只陀螺旋转不停，疼痛难忍。他特别特别想解脱。真的，特别想。因为太痛了。整个世界都在，但是他的心里缺了一块。

最好的解脱，就是顺其自然，就是"无所住而生其心"，就是风来疏竹，风过而竹不留声，雁度寒潭，雁去而潭不留影，就是人心如镜，物来则应，物去则空。

王维现在要做的，就是要想办法去做到以心转境。

是的，境遇已经是无可更改，能更改的，不过是自己的一颗心，是自己的感受。感受变了，世界就不一样了。大千世界，不是说的地理位置或者空间意义上的大千世界，而是人眼里、心里的大千世界。同样的一个世界，在不同的人眼里看出去，就是不一样的。

　　对于王维来说，此时面对的丧妻的感受，和他超脱之后再回想起来的感受，也是不一样的。他现在就是想要把自己像拔萝卜一样，从苦痛的淤泥里拔出来。愁心如同春草，生得茂茂盛盛。求求你们，别再长了。

已恨亲皆远，谁怜友复稀

送崔兴宗

已恨亲皆远，谁怜友复稀。

君王未西顾，游宦尽东归。

塞迥山河净，天长云树微。

方同菊花节，相待洛阳扉。

本来已经怅恨亲人离得越来越远，谁又能怜惜我的朋友也越发珍稀。君王未曾西顾，而宦游的人都已经东归。关塞迥远，山明河净，天地深长，白云绿树越发细微。相约九月九日菊花节之时，我们在洛阳打开门扉。——这是王维和朋友相交往、应和的诗篇。他写这首诗的时候，已经是一个鳏夫了。

他的妻子去世大约在开元十九年（731 年）。他才三十来岁，正当年富力强之时，却被蒙头砸了一棒槌。人生至哀至痛，不是他能够硬生生扛下来的。他必须逃避。王维给这个写诗，给那个写诗，却没有给自己的妻子写过哪怕一首悼亡诗。无情吗？是的。

十年生死两茫茫，不思量，自难忘。千里孤坟，无处话凄凉。纵使相逢应不识，尘满面，鬓如霜。　　夜来幽梦忽还乡，小轩窗，正梳妆。相顾无言，唯有泪千行。料得年年断肠处，明月夜，短松冈。

——这是苏轼给亡妻的悼亡词。

谁念西风独自凉？萧萧黄叶闭疏窗。沉思往事立残阳。　　被酒莫惊春睡重，赌书消得泼茶香。当时只道是寻常。

——这是纳兰性德给亡妻写的悼亡词。

昔日戏言身后事，今朝都到眼前来。
衣裳已施行看尽，针线犹存未忍开。
尚想旧情怜婢仆，也曾因梦送钱财。
诚知此恨人人有，贫贱夫妻百事哀。

——这是元稹给妻子写的悼亡诗。

但是王维没有写。也许他觉得写出来又有何益。丧子丧妻这样的悲剧似乎不是他能够承担得起的，所以他宁可逃避。逃到佛里去，逃到禅里去。逃到山里去，逃到水里去。逃啊逃。渐渐地，好像他真的逃开了。那种把心撕开的疼痛似乎好一些了。可是，当有人得知他妻子亡故，想要给他说媒的时候，他却毫不犹豫地拒绝了。《旧唐书》的《王维传》载："妻亡后不再娶，三十年孤居一室。"王维殁于761年。——他用生命写了一首悼亡诗。

都说李白是谪仙人，下凡历劫，其实哪个人不是下凡历劫的人呢。杜甫是，王维也是。

数载光阴，渐愈心伤。至于淇上这个小官也不知道是在一直照做着，还是已经辞掉了，反正这几年来，王维在长安和洛阳这两地以及这两地附近的行踪不少，也和一些朋友交往。有后人考证他已经辞了这个小官，住在长安。几年后，他又想重新做官。只不过，想再进入官员序列，就不能再通过科举考试。想要东山再起，需要有人保荐。当初他考取头名状元，是顶了张九皋上位的。不幸的是，张九皋是张九龄的弟弟。而张九龄，则是他此次要结交的目的人物，如今已经是当朝宰相。开元二十一年（733年），张九龄被任为中书侍郎、同中书门下平章事，主理朝政。

投刺张九龄

赠徐中书望终南山歌

晚下兮紫微，怅尘事兮多违。

驻马兮双树，望青山兮不归。

夕阳衔山，下了紫微。惆怅尘事，多违心意。双树间驻马，望青山啊不再归。人在前路未明的时候是惆怅的。这首诗的具体写作年代并不明了，但是如果是此时写的，感情上也很贴切。

张九龄是名门之后，源出西汉留侯张良一脉，少负才名。

望月怀远

海上生明月，天涯共此时。

情人怨遥夜，竟夕起相思。

灭烛怜光满，披衣觉露滋。

不堪盈手赠，还寝梦佳期。

有谁不知道李白的"举杯望明月，低头思故乡"？

有谁不知道杜甫的"朱门酒肉臭，路有冻死骨"？

有谁不知道王维的"人闲桂花落，夜静春山空"？

有谁不知道张九龄的"海上生明月，天涯共此时"？

张九龄是个贤相，举止态度很端正优雅，翩翩君子，风度不凡。他去世后，有人向唐玄宗推荐宰相人选，玄宗都要问问："风度得如九龄否？"

他当政的时候，主张休养生息，重视农业生产，减税赋，减徭役，减刑罚。革新吏治，选任贤能。因为他是个好人，所以后来他没有得到好报。君子可以欺之方，后来他被李林甫整治得不轻。——他是真的有为君为国直言谏诤的诚心。唐玄宗在位时间长了，对于朝政就显得有些懈怠了。张九龄每次见到皇帝，都极力地讲说朝政得失。当时，李林甫刚和张九龄同列，暗地里冲着张九龄龇牙咧嘴。

皇帝要对朔方节度使牛仙客进行实封，张九龄说不行。这种态度特别不合皇帝心意。结果李林甫就找了一天请见皇帝，把张九龄大大地贬损一番，玄宗听了满耳。当时正是秋天，皇帝命高力士赐给张九龄白羽扇。这可就十分微妙了。扇子是夏天才用的东西，秋天蒙赐，这不是说自己和扇子一样，没用武之地了吗？

张九龄十分恐慌，作了一篇赋献给皇帝，又给李林甫写了一首归燕诗：

> 海燕何微眇，乘春亦暂来。
>
> 岂知泥滓贱，只见玉堂开。
>
> 绣户时双入，华轩日几回。

无心与物竞，鹰隼莫相猜。

　　这意思是海燕只不过是趁着春天来这么一回罢了，它根本没有和别人相竞争的心思，所以大老鹰啊，你别胡乱猜疑。

　　李林甫一看，知道张九龄已有退心，所以才不再对他那么阴狠。至于张九龄自己，知道自己失了圣心，虽然仍在其位，却格外谦卑。到了裴耀卿被罢免那天，从中书省到月华门，站在班列之中，看吧，裴耀卿也好，张九龄也好，鞠躬时那个卑微劲儿啊，而李林甫也在其中，那么傲慢。旁观者偷偷议论，说这是"一雕挟两兔"。多么滑稽：一只老雕，一左一右挟着两只软萌无害、卑微可怜的小白兔。一会儿皇帝下诏，命张九龄、裴耀卿为左右仆射，罢掉了宰相之职。李林甫看了诏书，大怒说："这还不是左右丞相吗？"张、裴二人疾步回到班列，李林甫目送他们，那种眼神儿，公卿以下的诸官看到了，腿都哆嗦。

　　不过，李林甫是开元二十四年（736 年）出任中书令的，如今他还没有当上宰相。所以张九龄的日子过得还算比较舒心。

　　王维给张九龄写了一首诗：

上张令公

珥笔趋丹陛，垂珰上玉除。

步檐青琐闼，方幰画轮车。

市阅千金字，朝闻五色书。

致君光帝典，荐士满公车。

伏奏回金驾，横经重石渠。

从兹罢角牴，且复幸储胥。

天统知尧后，王章笑鲁初。

匈奴遥俯伏，汉相俨簪裾。

贾生非不遇，汲黯自堪疏。

学易思求我，言诗或起予。

当从大夫后，何惜隶人余。

　　他夸张令公能够耳边簪笔上朝，希望能够得他的荐
举。——说起干谒诗，大家都写过，李白写的不少，杜甫写
的也不少，王维的不多，就一两首。

　　谁不想得其门而入哪！入得门去，方知天地。王维也有
此种愿望，虽然不强烈，但是有。红尘俗事，诸般规矩，有
的人依得足足的，有的人转身甩袖而去，前者深入得彻底，
后者叛离得彻底。王维不是前者的性子，也不是后者的脾气，
对于世情，他也要咬一口，尝一下。

终身思旧恩

献始兴公（时拜右拾遗）

宁栖野树林，宁饮涧水流。

不用食粱肉，崎岖见王侯。

鄙哉匹夫节，布褐将白头。

任智诚则短，守仁固其优。

侧闻大君子，安问党与仇。

所不卖公器，动为苍生谋。

贱子跪自陈，可为帐下不。

感激有公议，曲私非所求。

　　我本来是宁可栖隐荒树野林，宁可饮取涧水清流。我本来是不愿为了我自己能够吃膏肉粱米，所以就卑躬屈节地拜谒王侯。可是匹夫的节操本就鄙陋，粗衣短褐就要活到白头。运用才智确实是我的短处，固守仁义倒是我之所优。我听说您是一个大大的君子，任用贤才不问亲疏党仇。你是绝对不会出卖公器谋私的，你的一举一动都只是为苍生而谋。我这个卑微的人跪下来向您陈情，能让我当您的随从否？我感念世间自有公正的论调，偏私邪曲不是我之所求。

始兴公指的是张九龄。张九龄果然是个君子，开元二十三年（735年），王维受知于张相而出任中书省的右拾遗。这首诗显然是王维官拜右拾遗后，给张九龄写的谢诗。一方面致谢，一方面表态，想要继续追随张相，为他鞍前马后。这首诗一点也不田园，也不佛禅，显然是初为右拾遗不久，沉埋十来年后，又一次意气风发的时候。

做右拾遗这一年，王维三十五岁。拾遗的意思是捡起皇帝的遗漏（政策失误），负责建言献策，批评朝政，谏诤皇帝，弹劾大臣。官品不高，容易得罪人，但是如果心贪手黑，容易发财。后来的杜甫当过左拾遗。那是好久以后的事了——安史之乱期间，至德二载（757年）五月十六日，肃宗任命杜甫为左拾遗。现在杜甫还小，正在拼命玩。开元二十三年（735年）他在吴越玩了一圈，归东都参加进士考试，不第。然后跑去游历齐赵，小公子裘马清狂。李白呢，则是到处投刺不成，在太原游历一圈，回了安陆。不久许氏妻子病故，他带着一儿一女离开安陆，去了东鲁。大家都在各自的命运轨道上奔波。

问题是，他也没想到，就在第二年，也就是开元二十四年（736年），张九龄罢相，被逐出京华，任荆州大都督府长史。李林甫上台了。

张九龄走后，王维还专门给他寄过一首诗：

寄荆州张丞相

所思竟何在，怅望深荆门。

举世无相识，终身思旧恩。

方将与农圃，艺植老丘园。

目尽南飞鸟，何由寄一言。

我所思念的人在哪里啊？我只能怅然遥望荆州。普天之下除了您无人赏识于我，所以我终生都念着您的旧恩。我也要和老农一起种田，我也要终老在田园丘山。我日送那南飞的大雁，不知道怎样才能够寄过去我的书信。

王维的心里是孤独的，也长情，所以才会说"举世无相识，终身思旧恩"。张九龄走了，他甚至都不想当官了，也要回去务农去呀，"方将与农圃，艺植老丘园"。

长情的人不好，世间事哪有那么多的月正圆花正好，离别与无常是常态。走的人走了，留的人却站在原地，没有人领走，就像一个孤独的小孩，守护一个再也回不来的家园。而且王维心里也有危机感。他既是张九龄荐举的，那自然就是张九龄一派的人。他估计李林甫会容不下他，但是他又没办法。

这个时候，大唐盛世已显露疲色，就像当今圣上也不再意气风发。朝政？下边人管就行了。这个下边的，备受他重用的人，就是李林甫，堂堂右相。李林甫像蜘蛛一样，极会织网。他特别注意和宫中宦官、妃嫔打好关系，以此掌握玄宗举动。所以每逢奏对，他说的话都让玄宗觉得特别顺耳、中听。于是，他就一路爬上来了。他一步步走来，脚底下踏的都是别人的前程和性命。

白眼看他世上人

与卢员外象过崔处士兴宗林亭

绿树重阴盖四邻，青苔日厚自无尘。

科头箕踞长松下，白眼看他世上人。

绿树重重啊，浓荫遮盖了四邻。青苔一天天地厚啊，自来的没有浮尘。我也不戴冠帽，绾着髻随随便便坐在高松之下，用白眼看那世上的俗人。

李隆基的原配王皇后无子，被废后一直没有立后。所以他在715年立了庶次子李瑛为太子。李瑛当了二十多年的太子，也没有熬死玄宗，倒被玄宗处死了。玄宗的宠妃武惠妃在后宫位同副后，只不过有实无名——她姓武，有武则天的前车之鉴在前，前朝是不会让她这个武氏能够坐正皇后宝座的。但是她想当皇后呀！想死了！她又有儿子李瑁，凭什么不能她当皇后，她儿子当太子呢？玉环十六岁嫁给寿王李瑁，被册立为王妃，玄宗以父皇的身份接受小两口的叩拜，在婚诏中称赞她"含章秀出"。武惠妃常召杨玉环入宫做伴，玄宗来看武惠妃，儿媳在一旁侍立，陪着说笑，玄宗越看她，越觉得，啧，真美。玄宗与武惠妃驾幸骊山温泉，杨玉环独自骑马出游，被玄宗在高台上看见，召她入暖阁一起吃了顿饭。公公召儿媳妇一起吃饭……得了，话归正题。武惠妃想要让儿子上位，就得拉下太子李瑛。再说了，武惠妃夺了宠，太子李瑛、鄂王李瑶、光王李琚，这三个人替他们的生母鸣不平，也会管不住嘴，说武惠妃的坏话。武惠妃呢，就在李隆基面前时不常地吹吹枕头风，搞得李隆基也不待见太子了，召集宰相，商量废黜太子之事。那时候张九龄还在朝中，劝李隆基别这么干。太子废立不是小事，会动摇国本。武惠妃气得要死。就在这时候，张九龄罢相，李林甫上台。

李林甫和后宫妃子们联系紧密得很，当然不会放过攀交宠妃这条大路。所以他开始支持李琩。开元二十五年（737年），宫里忽然传来消息，说贼人作乱，请太子李瑛、鄂王李瑶、光王李琚和太子妃的哥哥薛琇入宫勤王。他们不敢怠慢，全副武装，领兵进宫。这下坏了！武惠妃说皇上您快看，您的儿子们来逼宫了，来造反了，来要您的命了，太子已经等不及要坐上龙位了！李隆基怒发冲冠。

张九龄走了，没有人为太子说话，玄宗召李林甫议事，李林甫说："陛下家事，非臣所宜豫。"——这是您的家事呀，我没资格干涉的。

这话说得多么高明：第一，不干涉皇帝的决定，讨皇帝的欢心；第二，顺便再踩一踩张九龄，把他踩踩实，因为张九龄此前干涉皇帝家事了；第三，不干涉其实就是表明态度，李瑛后宫无人，前朝也没了人，比不上武惠妃和她的儿子李琩根深叶茂，明摆着就是要被踩的。李林甫明显站在了武惠妃那一边。唐玄宗这下子可觉出来皇帝的扬眉吐气的劲儿了，以前的宰相太不上道了，这么说这么拦着，那么做那么拦着，就没有让人舒心畅快过。哪像这个，真乖。于是，他下令将三个儿子贬为庶人，不久处死，史称"三庶人之祸"，李瑛的妻兄驸马都尉薛锈流放瀼州。"天下冤之"——全天下的人都为他们喊冤啊。

三人死后不久，也不知道武惠妃是不是饱受良心折磨，心理压力太大了，反正她几个月后就病死了。她死后，玄宗茶饭不思。高力士一看这不行，得重新给皇上找个美人。于是杨玉环就进入唐玄宗的视野——她早就进入唐玄宗的视野，只不过现在是顺水推舟罢了。于是十七岁的杨玉环就被五十一岁的玄宗从儿子手里夺过来。他派高力士到寿王宫召杨氏，令其出家，号太真，住于太真宫，为自己的母亲窦太后荐福。几年后，玄宗替寿王另立王妃，正式册封杨玉环为贵妃。

自从任命李林甫为宰相，大唐就从繁盛奏响了衰败的第一缕哀音。

三庶子之祸后，同年七月，李林甫被封为晋国公。第二年兼领陇右、河西节度使。第三年又兼吏部尚书，与兵部尚书牛仙客一同主持文武铨选。此后一路升迁，直至位极人臣。好风凭借力，送他上青云。他脚下一步步踩着的，是大唐气运。

大漠孤烟直，长河落日圆

使至塞上

单车欲问边，属国过居延。

征蓬出汉塞，归雁入胡天。

大漠孤烟直，长河落日圆。

萧关逢候骑，都护在燕然。

这是一首反映边塞生活的写景诗，他原本孤独寂寥的心绪被边塞大漠阔大雄奇的景致净化、拔擢，使他心胸一开，不由心生悲壮慷慨。为人历代称道的，就是"大漠孤烟直，长河落日圆"。一片大漠浩瀚，恰是无风，一股烟起，独独地直上；万里黄河，落日圆圆。此处的"直"和"圆"字看起来又直又俗，但是试着找两个字代替它，却会发现很难。徐增《而庵说唐诗》评此诗："'大漠''长河'一联，独绝千古。"

这是王维被遣出塞路上写的。这件事曲曲折折地，仍旧和李林甫扯得上关系。开元二十五年（737年）春，河西节度使崔希逸袭破吐蕃。九月中旬，王维奉命以监察御史的身份出使凉州，宣慰三月战胜吐蕃的将士。《使至塞上》就是这时候写的。张丞相被贬了，他也被打发出京，出这趟没人愿意出的长差。路上走了将近两个月，一路上时节渐深，叶落萧萧，渐至冬寒衣单，僵手僵脚。太冷了。在这里生活和打仗的将士们，也太苦了。

陇头吟

长安少年游侠客，夜上戍楼看太白。
陇头明月迥临关，陇上行人夜吹笛。
关西老将不胜愁，驻马听之双泪流。
身经大小百余战，麾下偏裨万户侯。
苏武才为典属国，节旄落尽海西头。

长城少年啊，是仗剑游侠客，他在夜里登上戍楼，看太白的兵气。抬头望去，陇头明月高照边关，侧耳听来，陇上的行人夜吹羌笛。关西来的老将不胜愁绪，驻马倾听，两泪横流。他已经经历大大小小一百多次的战斗，他部下的偏将都被封为万户之侯。苏武归汉后只被拜为典属国，他节上的旄头都掉落在了北海的西头。

这一看就不是王维在他日常的生活环境里写出来的诗。原来王维不光能平和，还能雄浑，不光能山水田园，还能边塞豪壮。边塞风沙，把王维这个大诗人等来了。

出塞作

居延城外猎天骄，白草连山野火烧。
暮云空碛时驱马，秋日平原好射雕。

护羌校尉朝乘障，破虏将军夜渡辽。

玉靶角弓珠勒马，汉家将赐霍嫖姚。

居延城外有胡人正在狩猎，秋草已白，铺满山野，大火一起，漫天燃烧。天色已晚，暮云旷远，在沙漠上纵马飞驰，时值秋日，平原广阔，正好射雕。护羌校尉一早就登上障堡，破虏将军夜里出击渡辽水。看哪，镶玉的剑、角饰的弓，战马戴着珠络头，这些都是朝廷要赐给得胜的将军的，那勇如汉朝的霍嫖姚。

——文字是一种很玄妙的东西，就像镜子或者湖水，风一吹会皱起，连带着它倒映着的湖山云天也会皱起。人明知道它映的是眼前的湖山云天，却又实际上不是。且又浸着写它的人的思维和情绪，甜甜苦苦，淡淡浓浓，都糅进四四方方的字块里。真的很有趣。王翰有诗《凉州词》：

葡萄美酒夜光杯，欲饮琵琶马上催。

醉卧沙场君莫笑，古来征战几人回？

明明葡萄美酒用夜光杯盛着是和平欢乐的宴席上喝的，可是铁板铜琶响起来了。明明已经在欢宴上喝醉了，是应该盖着丝绸软被睡上一觉的，可是紧接着就要沙场征战了。明明征战得胜能够回来继续畅饮葡萄美酒的，可是能不能回得来，谁又能说得清呢？

这，就是凉州的生活。这，就是塞外的凉州。

如今，王维来了。

老将行

老将行

少年十五二十时，步行夺得胡马骑。

射杀山中白额虎，肯数邺下黄须儿。

一身转战三千里，一剑曾当百万师。

汉兵奋迅如霹雳，虏骑奔腾畏蒺藜。

卫青不败由天幸，李广无功缘数奇。

自从弃置便衰朽，世事蹉跎成白首。

昔时飞箭无全目，今日垂杨生左肘。

路傍时卖故侯瓜，门前学种先生柳。

苍茫古木连穷巷，寥落寒山对虚牖。

誓令疏勒出飞泉，不似颍川空使酒。

贺兰山下阵如云，羽檄交驰日夕闻。

节使三河募年少，诏书五道出将军。

试拂铁衣如雪色，聊持宝剑动星文。

愿得燕弓射天将，耻令越甲鸣吾君。

莫嫌旧日云中守，犹堪一战取功勋。

当年我才十五二十来岁，徒步就能把胡人的战马夺来自己骑。我射杀了山中的白额虎，要论起英雄来，岂止邺下的黄须儿。我这个人转战了疆场三千里，我这柄剑抵挡了百万敌师。汉军声势振奋迅捷如同空中霹雳，敌虏逃亡奔腾生怕遇到拦路的蒺藜。卫青之所以不败，是因为上天宠幸，李广之所以不能论功是因为他的命运不济。自从被弃置不用人就开始衰老败朽，世事随着时光流逝人也白了头。当年飞箭射雀，雀无全目，如今拿不动弓，疡瘤生在左肘。我像故侯那样，在路边卖起瓜来，我学陶渊明，门前学着种起了杨柳。古木参天，一片苍茫，连接着深深的小巷，寒山寥落，起伏曲折，正对着未掩的窗牖。罢了！我一定要学着耿恭在疏勒祈井得泉，才不要做颍川灌夫一味地牢骚酗酒。贺兰山下有兵士列阵如云，文书告急，飞马奔驰，白天黑夜都能听到。持节的使臣去三河招募年少的兵丁，诏书一气下了五道，令大将五路出征。老将我试着拂拭我的铁甲，让它光洁如雪，且拿起宝剑，看闪动在剑上的星纹。我愿手拿燕弓，射杀敌将，绝不会让敌人的甲兵惊动我的国君。你们别嫌弃我这个当年的云中太守啊，我还能够大战一场，建立功勋。

　　——我们并不能知道这个老将是谁，显然是王维到了边塞之后见到的人。一个人阵前杀敌无算，却不能得功，老来闲置，这显然不能像这个老将自己劝慰自己的一样，归结为没有这个得显人前、飞黄腾达的命。必定有制度上的问题。而且像这样的受到不公平待遇，怀揣一腔热血无法施展的，不会只有他一个。王维看到了，但是他也没办法。好多人的热血，就是沸腾着沸腾着，没力气了，老了，就寂寂地冷下去了。

边地的风土人情，和皇皇长安不一样，和富丽东都也不一样。军中健儿敲打大鼓，吹响羌笛，是一番景象：

凉州赛神

凉州城外少行人，百尺峰头望虏尘。

健儿击鼓吹羌笛，共赛城东越骑神。

凉州郊外的百姓生活，又是一番景象：此地地广人稀，又尘土飞扬。有病了不是找医生，而是找女巫，要不然就是烧香祭酒。

凉州郊外游望

野老才三户，边村少四邻。

婆娑依里社，箫鼓赛田神。

洒酒浇刍狗，焚香拜木人。

女巫纷屡舞，罗袜自生尘。

这些都被他写在诗里了。

陇西行

十里一走马，五里一扬鞭。

都护军书至，匈奴围酒泉。

关山正飞雪，烽火断无烟。

军使飞书告急，跃马扬鞭，原来是匈奴围困了酒泉。可是接到兵书，举目四望，大雪茫茫，不见烽火狼烟。

下面怎么办？整军，出发，打仗，热血，呐喊，刀光剑影。这些都没写。但是读它的人，脑子里却在这漫天大雪的极静中，一下子脑补出来这些场面。一首热血沸腾的战诗，却在极静的漫漫大雪中戛然而止。非高手不能如此，也不敢如此。

王维在凉州有他的社交活动。

灵云池送从弟

金杯缓酌清歌转，画舸轻移艳舞回。

自叹鹡鸰临水别，不同鸿雁向池来。

这个灵云池，是凉州一个景点。高适在凉州的时候写的诗文，也好几次提到灵云池这个地方："凉州近胡，高下其池亭，盖以耀蕃落也。幕府董帅雄勇，经践戎庭，自阳关而西，犹枕席矣。军中无事，君子饮食宴乐，宜哉。白简在边，清秋多兴，况水具舟楫，山兼亭台，始临泛而写烦，俄登陟以寄傲，丝桐徐奏，林木更爽，馂蒲萄以递欢，指兰芷而可缀。胡天一望，云物苍然，雨萧萧而牧马声断，风娟娟而边歌几处，又足悲矣……"

王维在这里送别他的从弟。

还有《送崔三往密州觐省》"路绕天山雪，家临海树秋"，有《送刘司直赴安西》"绝域阳关道，胡沙与塞尘。三春时有雁，万里少行人"。

送一个个人走，却少迎一个个人来。此地是边塞，风沙大，空气冷，阳光酷烈，有铁与血。

不得已，忽分飞

双黄鹄歌送别（时为节度判官。在凉州作。）

天路来兮双黄鹄。

云上飞兮水上宿。

抚翼和鸣整羽族。

不得已。

忽分飞。

家在玉京朝紫微。

主人临水送将归。

悲笳嘹唳垂舞衣。

宾欲散兮复相依。

几往返兮极浦。

尚装回兮落晖。

塞上火兮相迎。

将夜入兮边城。

鞍马归兮佳人散。

怅离忧兮独含情。

王维在凉州送别朋友，这首诗歌作得优雅婉转，像楚辞又不像楚辞，像《诗经》又不像《诗经》。边城胡笳，黑云苍翅，天上飞鹰嘹唳。送这个走，送那个走。他也想走。他想家了。不过很快他也就能回去了。

王维出使凉州的时候，河西节度使是崔希逸，他于开元二十四年（736年）秋上任。吐蕃是唐代最重要的边患之一，不过在崔希逸任河西节度使的时候，吐蕃和唐朝相对和平。两国缔盟，吐蕃年年向唐纳贡。当时吐蕃与大唐树栅为界，置守捉使，意思是你来我边境，我会捉你，我去你边境，你会捉我。崔希逸对吐蕃将领乞力徐说："我们两国和好，要这守捉使干什么哩。干脆咱们都别置了，以后你我一家，这样不好吗？"乞力徐说："崔大人，你是个忠厚至诚的君子，你的话我们是相信的。但是你们的朝廷上，别的人未必都值得信任。万一有人说我们的坏话，乘我们不备偷袭我们，到时候我们后悔不就晚了吗？"崔希逸以人格担保，必不致如此。于是派使者和乞力徐杀白狗，订盟约，各自撤了守备的军队，吐蕃可以随便在田野放牧。当然，对于唐边百姓来说，也是好事，可以随意耕种，不用担心越界被捉拿、砍杀的事。结果，这事第二年就出了岔子。崔希逸的侍官孙诲入朝奏事，为了让玄宗高兴，显得他自己高明，干脆建议趁吐蕃不备，掩杀过去！玄宗一听，对，就是这个主意！于是，他听了孙诲的话，派了一个太监赵惠琮和孙诲一起回了凉州。到凉州后，两个人矫旨，一定要崔希逸发兵掩袭吐蕃。崔希逸身不由己，只好听命，突然袭击，大败吐蕃，杀伤无数，乞力徐逃归本国。吐蕃大怒，从此两国战乱不止。开元二十六年（738年），吐蕃大兵进攻河西，崔希逸领兵拒战，大败吐蕃。但是，他的心里始终梗着一根刺。这根刺就叫言而无信、失信于人。乘其不备发兵攻击，一刀刀砍下来的，都是信任自己的人的头颅。

这一年，李林甫兼任了河西节度使，崔希逸改任河南尹。崔希逸迁官内地，离开河西节度府不久，王维也离开凉州回京了。

王维回了长安以后，替崔希逸写了一篇《奉佛文》，上奏玄宗：

> ……左散骑常侍摄御史中丞崔公第十五娘子，于多劫来，植众德本；以般若力，生菩提家。含哺则外荤膻，胜衣而斥珠翠。数从半字，便会圣言；戏则翦花，而为佛事。常侍公顷以入朝天阙，上简帝心，虽功在于生人，深辞拜命；愿赏延于爱女，密启出家。白法宿修，紫书方降，即令某月日，敬对三世诸佛，十方贤圣，稽首合掌，奉诏落发。久清三业，素成菩萨之心；新下双鬟，如见如来之顶。绮襦方解，树神献无价之衣；香饭当消，天王持众宝之钵。惟娘子舍诸珍宝，涂彼戒香，在微尘中，见亿佛刹，如献珠顷，具六神通。伏愿以度人设斋功德，上奉皇帝圣寿无疆……

这篇文的意思，是崔希逸要让自己的女儿出家奉佛，忏悔他与乞力徐盟誓食言失约之罪。——他把朝廷的罪自己背上了。

这样的人活不长。崔希逸当年去世，郁郁而终。《资治通鉴》载："希逸自念失信于吐蕃，内怀愧恨，未几而卒。"

王维更觉得人生无常，如水波动荡，恍恍迷离。

如一本书上所说："从古到今，多少江湖义气，英雄豪情，都是一壶好酒，一场大醉，一夜好梦。"确实，江湖义气、英雄豪情，如酒醉，如梦酣。只是酒醉会醒，梦酣会醒。醒来见河山破落人心碎，多少美好转眼空。

出了一趟长差，回到长安。大约是在开元二十八年（740年），升迁为殿中侍御史，官阶从七品下。这一年王维才四十来岁，却感觉自己已经走过了一生一世。高峰低谷经过了，生死离别尝到了，有时候觉得好累。

这个淡然潇洒的美男子眼睛里光泽仍旧那么温润，却带上了一点淡淡的悒郁。有时候白衫纸扇，坐在榻前，回望前尘，如同一梦。随手拈起一管毛笔，写一些胸中的文字，写罢了又就着烛火让它烧了起来，瞬间化为飞灰。

想写，写了又觉得没什么大意思。

第七章

思归去也

迷 茫

渭川田家

斜阳照墟落，穷巷牛羊归。

野老念牧童，倚杖候荆扉。

雉雊麦苗秀，蚕眠桑叶稀。

田夫荷锄至，相见语依依。

即此羡闲逸，怅然吟式微。

　　夕阳西下，斜照着村庄，牛羊归家，哞哞咩咩走在深巷。老头子惦念着放牧的乖孙孙，挂着拐杖等在自家的柴门旁。雉鸡鸣叫，麦苗眼看就要抽穗，蚕宝宝睡觉，桑叶已经越发稀少。农夫扛着锄头回来了，相见之时欢声笑语。我真是羡慕这种光景的安逸，心头怅然，吟起《式微》。

　　如今的朝堂上，是李林甫说了算。玄宗自觉江山万万年，日子过得安逸得很。而安禄山也崛起了。安禄山原来没有姓氏，名字叫轧荦山，母亲阿史德氏是突厥族的巫师。突厥人"斗战"一词的发音是轧荦山，就用它作为安禄山的名字。好斗的家伙。安禄山幼时丧父，长到十多岁，不想跟哥哥和继父一起生活，约定同安思顺等人结为兄弟，就定为姓安。安禄山长大后当了牙郎，为买卖人协议物价。开元二十年（732年），张守珪任幽州节度，安禄山偷羊被抓住，张守珪要打死他，他大叫："大夫难道不想消灭两个蕃族啊？为什么要打死我！"张守珪一见，这家伙长得胖胖大大的，看样子有把子力气。于是，放了他，令他跟同乡史思明一起抓俘虏。他任务完成得好，张守珪对他刮目相看，提拔他为偏将。后来，更因为骁勇，被张守珪收为义子。

从此，安禄山平步青云。740年，安禄山被任命为平卢兵马使，朝廷授予他营州都督、平卢军使官衔。安禄山外粗内细，看似野蛮，实则精明。他拼命给往来的官员塞好处，这些拿了他的好处的官员就都拼命帮他在朝廷上说好话。此时玄宗已经让杨玉环出家当了道士，赐号太真，另外给寿王娶了一个媳妇。至于太真，一天天地越来越受玄宗待见，宫中皆称她为"娘子"，仪礼与皇后等同。

此时的李白还正四处乱撞，不知出路何在。他不知道，很快玄宗就会下诏让他进京面圣了，他很快就要春风得意马蹄疾，一日看尽长安花。而杜甫则三十来岁，很快就要烛影摇红，夫妻对拜。王维则已经走过了他人生中的大红大紫，也走过了他人生中的锦被金鸾。他觉得好累，好疲惫。闲暇无事，到郊外走走，看看百姓生活，牛羊哞哞咩咩，觉得这样的日子也不错，脑子里不用装着很多的事，倒轻松。

再回想起最近的边塞经历，王维就时不常地心里悚然，觉得那个在凉州的我呢，现在在哪里？那个写边塞送别诗的我，现在又在哪里？现在的这个我坐在这里，他和凉州的我一样吗？和与亲爱的妻子结婚时的我是同一个人吗？和高中状元、喜气洋洋的我是同一个人吗？和抱着妻子冰冷的尸骨哭泣的我是同一个人吗？

论起来，王维真的不应该只定义成一个山水田园诗人。他同时也是一个闻名天下的边塞诗人，足以和王昌龄、高适齐名的边塞诗人。——他也是一个有着一腔热血和沉郁胸怀的大唐男儿。

所以他在开元九年（721 年）谪济州司仓参军以后，亲见一次大唐男儿出征，作过一首慷慨动人的《从军行》：

> 吹角动行人，喧喧行人起。
>
> 笳悲马嘶乱，争渡金河水。
>
> 日暮沙漠陲，战声烟尘里。
>
> 尽系名王颈，归来献天子。

想到他自己作的《从军行》，又想到他此前作的《少年行》，如今光阴倏忽，中年情怀。那时候的"我"，还是现在的"我"吗？王维深深长长地叹了一口气：这么多的"我"，刚才起来踱步的我，现在落座写诗的我，昨夜和母亲促膝长谈、议论佛理的我，和弟弟说一些官场掌故的我，都是我吗？

啊，天哪，这么多的"我"啊！

他迷茫了。

故人不可见，汉水日东流

汉江临眺

> 楚塞三湘接，荆门九派通。
>
> 江流天地外，山色有无中。
>
> 郡邑浮前浦，波澜动远空。
>
> 襄阳好风日，留醉与山翁。

　　楚国边塞连接着三湘的水呀，荆门山下有茫茫九派相汇相通。江流滚滚好像一气奔流到了天地之外，山色在水雾中一会儿出现，一会儿又隐。郡邑城郭好像漂浮在前面的江面之上，波浪动荡简直把远处的天空都给摇晃。襄阳真是风好日也好，我一定要畅饮一醉，伴着山翁。

　　写这首诗的时候，王维已经离了长安，在知南选的路上，马上就要到襄阳城了。

　　"未曾生我谁是我，生我之时我是谁。长大成人方是我，合眼朦胧又是谁？"这是大清顺治皇帝爱新觉罗·福临的《归山诗》里的句子。顺治有这样的大迷茫，最终得出了自己的答案："不如不来又不去，来时欢喜去时悲。悲欢离合多劳虑，一日清闲有谁知。若能了达僧家事，从此回头不算迟。"

王维于一霎的惊怖之后，心里萦绕的，也是一个大大的"佛"字。开元二十七年（739年）五月，道光禅师往生。王维在他的座下受教十年，如今禅师魂归天际。王维合十而拜，只觉无常频来。事实也确实如此，第二年，也就是740年的五月初七，张九龄在韶州病亡。人间真的是悲欢离合一场梦，老也醒不来。

开元二十八年（740年），四十岁的王维再次出差。这次他出发"知南选"。唐高宗时，桂、广、交、黔等地可选任土人为官。山高皇帝远，不清楚当地土人情况，有时候选的就不合适。这时候，朝廷会派郎官御史为选补使，下到地方，遴选适合的人才。因为这些地方都是国土之南，所以称为南选。《唐会要》载："开元八年八月敕。岭南及黔中参选吏曹。各文解每限五月三十日到省。八月三十日检勘使了。选使及选人。限十月三十日到选所。"朝廷对于知南选的官员的抵达日期是有明确规定的，如果开元二十八年的南选仍旧沿袭的开元八年的南选时间，那么王维也须十月三十日前到达选所。从长安到桂州，这么长的路程，王维至迟出发也得在九月底十月初。这一路会途经襄阳，此时孟浩然就在襄阳。王维心里高兴，可以顺道拜会一下老朋友。他畅想着老友相见的欢欣，写出来的《汉江临眺》的诗也显得豪迈开心。

结果到了襄阳，一打听，孟浩然去世了，就在今年，就在不久。一生一死，相失交臂。他来了，他走了。

哭孟浩然（时为殿中侍御史，知南选，至襄阳有作。）

> 故人不可见，汉水日东流。
>
> 借问襄阳老，江山空蔡州。

再也见不到我的老友，只有汉水滔滔，天天东流。请问一下襄阳遗老今在何处，江山还在，蔡州已空，无人再游。

凭吊完孟浩然，王维行经襄阳，走水路到郢州。到郢州的时候，王维是钦差，受到刺史迎接，在刺史亭画了孟浩然的像，这个亭子就改名为浩然亭。到了唐懿宗咸通年间（860—873 年），刺史郑诚觉得孟浩然是个贤能的人，怎么能直呼其名呢，就把这个亭子改成了孟亭。宋人葛立方的《韵语阳秋》载："余在毘陵，见孙润夫家有王维画孟浩然像，绢素败烂，丹青已渝，维题其上云：'维尝见孟公吟曰："日暮马行疾，城荒人住稀。"又吟曰："挂席数千里，名山都未逢。泊舟浔阳郭，始见香炉峰。"余因美其风调，至所舍，图于素轴。'"王维给孟浩然写过诗，画过画，心里始终念着这个一生行状坎坷的老朋友。离了郢州，然后经过夏口，也就是如今的湖北武昌。在武昌时，又写了几首诗，都是给官员的。官员调动和出差频繁，王维是赶上哪个了，应酬需要，就写诗送哪个。比如《送宇文太守赴宣城》：

> 寥落云外山，迢递舟中赏。
>
> 铙吹发西江，秋空多清响。
>
> 地迥古城芜，月明寒潮广。
>
> 时赛敬亭神，复解罢师网。

何处寄想思，南风吹五两。

再比如《送康太守》：

城下沧江水，江边黄鹤楼。
朱阑将粉堞，江水映悠悠。
铙吹发夏口，使君居上头。
郭门隐枫岸，侯吏趋芦洲。
何异临川郡，还劳康乐侯。

还有《送封太守》：

忽解羊头削，聊驰熊首轓。
扬舲发夏口，按节向吴门。
帆映丹阳郭，枫攒赤岸村。
百城多候吏，露冕一何尊。

行行重行行，最终抵达岭南桂州。估计这次王维的"知南选"，身份应当是副使。因为据唐人杜佑的《通典》记载："其黔中、岭南、闽中郡县之官，不由吏部，以京官五品以上一人充使就补，御史一人监之，四岁一往，谓之南选。"王维是从七品上，又是侍御史身份，所以他有监督检查的作用，算是副手。

反正就是南来北往地出长差，走长长的路，看长长的风景，拉拽着长长的心情，如持旗旌，映日流云。

软草承趺坐，长松响梵声

登辨觉寺

竹径从初地，莲峰出化城。

窗中三楚尽，林上九江平。

软草承趺坐，长松响梵声。

空居法云外，观世得无生。

王维除了认真做好他的公事，其余时间就是看山看水。

这首诗作于北归途中，写的是登庐山僧寺所见。起笔是苍苍翠竹，峰瓣如莲，景象宏大而不失秀美。再写投宿之后，于窗中所见寥远阔大之景，目力所尽而未到之处，三楚尽而九江平。此处有茸茸软草，正合趺坐，而长松之外，响起了梵铃的声音，令人神思清明。于此地居住，看世间种种，思无上妙法，得云外长生。

由此诗可见，有了佛经禅理的开解，他的心情已经不再那么沉郁。

对于禅宗来说，再漫长的三生，对于整个世界来说，也不过一刹那而已。再短的一刹那，对于一个人来说，也有可能是永恒。只要你当下了悟，那便当下即是永恒，当下即涵括了过去、现在和未来。

人于无常的河流漂荡，如果态度不能超越，那么人生便是其苦万端。若是能够超越出来，那么山山水水，蓝天白云，花谢花开：山也是我，我也是山；水也是我，我也是水。蓝天是我，我是蓝天；白云是我，我是白云。花谢是我，我是花谢；花开是我，我是花开。

世界不再是一个功利的世界，也不再是一个外物和自我相对的世界。一切都圆融无碍，一颗心当下即超越了因果、时空、得失、是非，现实中的一切都不成其束缚，而鸢飞鱼跃。

王维很努力地通过种种途径想要抵达这个境界，无论他是在软软的草地上趺坐，还是在长松之外聆听梵声响起。

开元二十九年（741年）正月三十日，铨选已毕。这个都是按照规定走的，《唐会要》卷七十五记载："限十月三十日到选所，正月三十日内铨注使毕。"然后，王维在二月上旬离开桂州的选所，北归了。他离开桂州后，历湘湖、抵长江，沿江东下，经九江而至润州。在经过九江时，他登了庐山，游了辨觉寺，作诗以记，就是本节开头那首诗。元人《瀛奎律髓》评价说："此诗似咏庐山僧寺，盖因三四二句也。远近数千里，一望了然，佳处全在'窗中林外'四字。"也不知道是不是"窗中林上"之误。

过润州江宁，即今南京时，换船小憩，到瓦官寺拜谒了璿上人，写了《谒璿上人》诗。这首诗有一个挺长的序：

上人外人内天，不定不乱。舍法而渊泊，无心而云动。色空无碍，不物物也。默语无际，不言言也。故吾徒得神交焉。玄关大启，德海群泳，时雨既降，春物具美。序于诗者，人百其言。

他所到之处，交往文朋诗友，迎送同僚官员，拜谒佛道高人。

对于璿上人，他的评价是相当高的，说上人外表看是一个普通人，内在却合天道而行，既不僵硬固定，又不心绪缭乱。他舍身于法而心地沉渊淡泊，行住无心，一任云动。他于色于空上了无挂碍，对于外物也并不把它们看得多么珍贵值钱。他大多时候都是无边无际地沉默，可是他不说话却像把什么话都说了。正因为如此，像我这样的人，才能够和上人神交。

下面就是他特别开心地说："玄关大启，德海群泳，时雨既降，春物俱美。"

果然出去走走是好的，可以使人舒散心绪，而且心境上也得了修炼。

离了润州，王维再循邗沟、汴水、黄河，西归秦中。又回来了。

走的时候秋风吹，黄叶落，回来的时候杨柳青，野花发。

君问穷通理，渔歌入浦深

酬张少府

晚年唯好静，万事不关心。

自顾无长策，空知返旧林。

松风吹解带，山月照弹琴。

君问穷通理，渔歌入浦深。

　　人到了晚年呀，就特别喜欢安静，大大小小的事情都不再关心。我自己反思，也没有什么好的策略可以报效国家，只想着能够回到我家乡的山林。在那里我可以松开衣带，吹着松间刮来的凉风，也可以沐着山月，在它的映照下弹琴。先生您若是要问我穷困通达的道理，那就听听吧，耳边传来水浦深处渔歌的声音。

　　这首诗作于开元二十九年（741 年）。

　　作作诗，作作画，弹弹琴。王维的颔下蓄起了一绺长须，成了一个"廉廉颇有须"的谦谦美君子。他不再愤激，也不再怎么怀古，不再想着自己是不是怀才不遇。至于雄心壮志？如果说李白的生命属于长江大河，波浪滔滔，杜甫的生命属于漫漫土地，壮阔葳蕤，王维的生命则是：若属水，水却是江南春水，柳丝顺风飞；若属土，也是小麦灌浆时，清冽冽的小渠。

他的生命没有雄浑阔大的格局，却天然有着能够让人静谧以待的能力。他离佛越来越近。

开元二十九年（741）年，四十一岁的王维自岭南北归。第二年，也就是天宝元年（742年），四十二岁的王维转左补阙，官阶从七品上。朝堂上，李林甫光焰万丈，只手遮天。太子李瑛被废杀后，李亨被立为皇太子。——这不是李林甫想要的结果。他是力荐李瑁为太子的。所以李亨当上太子之后，就像坐上一块针毡。老父亲还不老，对儿子深有戒心，怕他篡位。李林甫得罪了太子，他很害怕。但是他却不是怕了就逃的，他是怕了就要害的。太子能被立，就能被废。被立为太子也就被立成了活靶子，被废了就成了人人皆得而踩之的烂泥。所以太子不能随便说话，不能随便做事，不能手伸得太长干涉政务，又不能对政务不管不问。他不能与人饮宴，不能看人跳舞，每天谨言慎行，活得战战兢兢。

天宝元年（742年），李林甫当上了右相兼尚书左仆射，加光禄大夫，权力更大了。王维在朝中任左补阙的这一年，大唐像一个体量庞大的华丽白象，周身爬满了蚂蚁，虽不至于动摇根本，却已经令它又痛又痒。而李林甫、安禄山这些人像毒蝎，已经爬到了大象的身上，高高举尾，狠狠扎下，以它的血，滋养自己的力量。其实，最大的毒蝎，仍旧是玄宗。他年龄越来越大，开始变得像岩石，周身都结满了僵硬而凝固的固执。他不再善纳谏言，只愿意相信自己的眼睛所见、耳朵所听，却不知道眼见的不见得是真的，耳听的不见得是实的。也不想再听人忤逆自己，只愿意被人顺从。所以李林甫才会大行其道。

杨玉环出生于719年，那一年，玄宗三十四岁。那个时候的玄宗，多么迷人。不幼稚，不昏聩，精明、宽容、万丈雄心。那时候，有宋璟和苏颋给他当宰相。718年，玄宗任命自己当藩王时的老部下王仁琛当五品官——王仁琛原来是七品县令。结果宋璟不干，上奏说本来王仁琛因为你们的私人关系，就已经有了好位置了，如今又破格提拔，这让和他同等资历的人怎么想？再说了，王仁琛又是皇后一族，会招来朝野议论。所以，这个事情要走正规程序，交由吏部核查授官，该让他当几品官，就让他当几品官。玄宗照准。现在的玄宗不是以前的玄宗了，否则何至于张九龄会被贬斥呢。

王维这个左补阙，也是不能直通通地跟皇帝谏言的。看不下去，不能说，只能憋着，难受了也就写写诗。

早　朝

柳暗百花明，春深五凤城。

城乌睥睨晓，宫井辘轳声。

方朔金门侍，班姬玉辇迎。

仍闻遣方士，东海访蓬瀛。

这首诗作于天宝五载（746年）前后。他对于玄宗的不务正业——访道求长生是不以为然的，但是他也没办法。憋得厉害了，就想着眼不见心不烦。还是隐居算了。

早秋山中作

无才不敢累明时，思向东溪守故篱。

岂厌尚平婚嫁早，却嫌陶令去官迟。

草间蛩响临秋急，山里蝉声薄暮悲。

寂寞柴门人不到，空林独与白云期。

　　我没有什么才能，所以不敢辜负如今的圣主昌明，心里想着，还是回到东溪，守着我的篱笆墙的故居。东汉人尚平为子嫁娶毕就不再理家事，我不厌弃尚平尽早了却儿女婚嫁，无事一身轻，却嫌陶令去官归家太迟。到了秋天，草间蟋蟀叫得又急又响，来到山里，黄昏时节，寒蝉鸣叫悲哀。柴门寂寞，无人到访，空空山林我独与白云相约。

田　家

旧谷行将尽，良苗未可希。

老年方爱粥，卒岁且无衣。

雀乳青苔井，鸡鸣白板扉。

柴车驾羸牸，草屩牧豪豨。

夕雨红榴坼，新秋绿芋肥。

饷田桑下憩，旁舍草中归。

住处名愚谷，何烦问是非。

　　陈谷已经快吃完了，好的禾苗没怎么长起来。人到老年才觉得粥好喝，年岁到头却还没有新衣。燕雀在长了青苔的天井中哺育幼雏，公鸡在白板做的门前打鸣。拉柴的车用羸弱的牲口驾辕，牧人穿着草鞋赶着一头头壮实的猪。晚来天雨，红石榴都爆开了嘴，新秋天气，绿色的红薯秧子正肥。来田里送饭的农妇在桑树下休息，要想回家得穿过高高的草丛才能归。我的住处叫作愚谷，何必麻烦地问一些人间是非。

　　这首诗是写作于天宝元年（742年）左右。这个年份对于王维来说平平淡淡，他越发地热衷于隐居，对于李白来说却是列缺霹雳，丘峦崩摧。

　　就在这一年，李白应诏赴京。他仰天大笑出门去，自叹我辈岂是蓬蒿人。对于杜甫来说，这一年是一个悲伤的年份。他的姑姑去世。

他和李白没有交集

青　溪

言入黄花川，每逐青溪水。

随山将万转，趣途无百里。

声喧乱石中，色静深松里。

漾漾泛菱荇，澄澄映葭苇。

我心素已闲，清川澹如此。

请留盘石上，垂钓将已矣。

我进入黄花川，每次都要去追逐那青溪水。溪水随着山势曲折转回，所经路途却还不到百里。水声在乱石中喧嚣不止，山色却在深深的松林里静默不语。菱角荇草在溪水中漾漾摇泛，芦苇清清亮亮地倒映在碧水。我的心本来就悠悠闲闲，就像清澈的溪水别无二致。但愿能留在盘石之上，垂钩钓鱼，过完我这一辈子。

王维做了左补阙，在门下省上班，上司就是李林甫。他也要上班打卡，参加早朝：

春日直门下省早朝（时为左补阙）

骑省直明光，鸡鸣谒建章。

遥闻侍中珮，暗识令君香。

玉漏随铜史，天书拜夕郎。

旌旗映闾阖，歌吹满昭阳。

官舍梅初紫，宫门柳欲黄。

愿将迟日意，同与圣恩长。

长安城东南角有曲江池，水域千亩、名冠京华。每年春天的节气，比如二月二、寒食节、清明节，长安百姓都会来此地赏花踏青，中午就在曲江池边野餐。皇帝也喜欢往这儿跑，曲江池的北岸还建有行宫。皇帝还会在这儿赐宴群臣，或者赐宴新科进士。

三月三日曲江侍宴应制

万乘亲斋祭，千官喜豫游。

奉迎从上苑，被禊向中流。

草树连容卫，山河对冕旒。

画旗摇浦溆，春服满汀洲。

仙簌龙媒下，神皋凤跸留。

从今亿万岁，天宝纪春秋。

到了十月，天气冷了，玄宗要驾幸温泉宫，李林甫打理事务，王维作为部下，也要跟着一起侍奉：

和仆射晋公扈从温汤（时为右补阙）

天子幸新丰，旌旗渭水东。寒山天仗外，温谷幔城中。

奠玉群仙座，焚香太乙宫。出游逢牧马，罢猎见非熊。

上宰无为化，明时太古同。灵芝三秀紫，陈粟万箱红。

王礼尊儒教，天兵小战功。谋猷归哲匠，词赋属文宗。

司谏方无阙，陈诗且未工。长吟吉甫颂，朝夕仰清风。

题注的"时为右补阙"，应该是"左补阙"，笔误了。怎么说呢，这些诗，都没有灵魂。

什么样的诗有灵魂呢？他过他喜欢的生活，看他喜欢的景色，与他喜欢的人相伴，做他喜欢做的事，这样写出来的诗，才有灵魂。他大概是从 741 年秋天开始，到天宝二年（743 年）冬或者是到天宝三载（744 年），时常到终南山隐居。总之，上班之余，就是待在终南山里。要不然，像《田家》这样的诗，怎么可能是在长安能够看到的景象呢？如果假期长一些，他还会走得远一些，一边走走看看，一边写写诗。

自大散以往深林密竹磴道盘曲四五十里至黄牛岭见黄花川

危径几万转，数里将三休。

回环见徒侣，隐映隔林丘。

飒飒松上雨，潺潺石中流。

静言深溪里，长啸高山头。

望见南山阳，白露霭悠悠。

青皋丽已净，绿树郁如浮。

曾是厌蒙密，旷然销人忧。

单看这诗题，就知道这路有多难走了：过了黄牛岭，黄花川近在眼前。《青溪》就是写这里的景致的。他离世情越来越远的时候，别人正拼命地往权力中心钻。天宝二年（743年）正月，安禄山入朝。玄宗偏宠于他，让他随时出入宫禁，什么时候想谒见都可以。这别说一般的大臣，就是太子也不会有这份待遇。

至于李林甫，令出一门。公卿晋升，都经他手，骄横非常，霸气非常，若是不得他的欢心，便永无出头之日。若是有人名望高，功业大，得皇帝喜欢，权势地位将要和他并驾齐驱，他就要千方百计把这人赶下去。"李林甫为相，凡才望功业出己右及为上所厚，势位将逼己者，以百计去之。"（《资治通鉴》）

这一年，李白仍旧在长安当他的待诏翰林。他还是改不了好酒疏狂的脾气，和贺知章、李适之、汝阳王李琎、崔宗之、苏晋、张旭、焦遂并称"酒中八仙"。这个名气在杜甫于天宝五载（746年）到长安的时候，还在坊间流传。杜甫还特地写过一首《饮中八仙歌》：

知章骑马似乘船，眼花落井水底眠。

汝阳三斗始朝天，道逢麹车口流涎，恨不移封向酒泉。

左相日兴费万钱，饮如长鲸吸百川，衔杯乐圣称世贤。

宗之潇洒美少年，举觞白眼望青天，皎如玉树临风前。

苏晋长斋绣佛前，醉中往往爱逃禅。

李白斗酒诗百篇，长安市上酒家眠。

天子呼来不上船，自称臣是酒中仙。

张旭三杯草圣传，脱帽露顶王公前，挥毫落纸如云烟。

焦遂五斗方卓然，高谈雄辨惊四筵。

王维呢，则是和王昌龄、王缙、裴迪等人交往。——他和李白之间没有交集。

互相之间，也许你知道我，我知道你。如陆上花与水中鱼，花对鱼无想法，鱼对花无意思。明明活在同一个世界，却像享着不一样的山川岁月，各自在各自的路上奔行，声息相闻，不交一言。

第八章

辋川乐也

独坐幽篁里

竹里馆

独坐幽篁里，弹琴复长啸。

深林人不知，明月来相照。

独自坐在幽深的竹林里，一边弹琴一边长啸。谁也不知道我在竹林深处，只有明月在头上静静地相照。

——好安静、好清凉的世界。真好。这是王维在置办了辋川别墅后，写的许多诗中的一首。它的起句写诗人活动的环境，那是非常非常的幽静。因为他是一人"独"坐，而且坐的位置是幽深的竹林里的一所小房，阒无人声，唯余风声与鸟鸣，想不静都不成。诗人于此幽静独处之际，并不觉得孤独颓丧，而是悠然自得，弹琴长啸，长啸弹琴。主打的是一个自娱自乐，自己开心。身处幽林，本就无人知晓，所以"深林人不知"一句看似多余，事实上，是此时此刻无人知晓，还是人生长途，都如独坐幽篁里，心迹无人知晓呢？如果是后者，想必是有遗憾的吧。但是，抬头看看明月，月色溶溶脉脉，流泻下来，好似知音知己的穿林拂叶而来，足可让人安慰。整首诗并不以字句取胜，而是以意境见美，清幽绝俗，使人读之尘虑皆空，红尘热恼的心肠都好像喝了一碗凉水，浑身毛孔舒张开。浊气尽去，两腋风生。

天宝二年（743年）的秋天，王维和王昌龄、裴迪等人一同游青龙寺、访高僧昙璧上人。青龙寺在长安城新昌坊内的乐游原上，宋敏求在《长安志》中赞它："北枕高原，南望爽垲，为登眺之美。"

青龙寺昙璧上人兄院集并序

　　吾兄大开荫中，明彻物外。以定力胜敌，以惠用解严。深居僧坊，傍俯人里。高原陆地，下映芙蓉之池；竹林果园，中秀菩提之树。八极氛霁，万汇尘息，太虚寥廓，南山为之端倪；皇州苍茫，渭水贯于天地。经行之后，跌坐而闲，升堂梵筵，饲客香饭。不起而游览，不风而清凉。得世界于莲花，记文章于贝叶。时江宁大兄持片石命维序之，诗五韵，坐上成。

　　　　高处敞招提，虚空诅有倪。
　　　　坐看南陌骑，下听秦城鸡。
　　　　眇眇孤烟起，芊芊远树齐。
　　　　青山万井外，落日五陵西。
　　　　眼界今无染，心空安可迷。

王昌龄于开元二十九年（741年）贬为江宁丞，所以王维称他为"江宁大兄"。

这一行人从高高的青龙寺望去，天空一望无际。坐在这里，都能看见南边路上骑马的人，而且下边还能听到长安城内的鸡叫声。远处有渺渺孤烟，有芊芊远树。青山更在人烟市井之外，太阳在五陵西边沉降。昙壁上人的眼界已经不会受世俗浸染，他的心空明一片，怎么会被人间所迷。

虽然王维和李白没交集，李白和王昌龄一直是有交集的。李白给王昌龄写过一首特别美的诗：

> 杨花落尽子规啼，闻道龙标过五溪。
>
> 我寄愁心与明月，随风直到夜郎西。

人间的缘分，就是这么有意思。王维和李白的生活轨迹重叠的时间并不长。天宝三载（744年），李白就已经被赐金放还了，因为玄宗以其"非廊庙器"，就是说，他没有治理国家的才能。他的所有的才能都在诗上，这已经非常非常了不起。这一年正月，贺知章先请求致仕，玄宗赐还乡。李白的忘年交走了，他还写诗相送。那时候他还不知道自己要被皇帝赶走。

······

> 一朝去金马，飘落成飞蓬。
>
> 宾友日疏散，玉樽亦已空。
>
> 才力独可倚，不惭世上雄。
>
> 闲作东武吟，曲尽情未终。
>
> 书此谢知己，吾寻黄绮翁。

很快，李白也挥泪出长安。此后，李白和杜甫在洛阳相遇。

至于王维，年过不惑的人，仍旧在长安做他的左补阙。天宝三载（744年）三月的时候，原本是平卢节度使的安禄山又兼任范阳节度使。安禄山、杨太真、李林甫，这几个祸乱大唐的因由都凑齐了。玄宗一心和杨玉环享受生活，一切政事都委任给李林甫。至于安禄山，因为备受宠幸而出入宫禁无碍。也是这一年，改"年"为"载"。自秦始皇始，纪元一直以"年"为单位。玄宗以后的所有皇帝也都以"年"为单位。只有玄宗改"年"为"载"。两千多年的历史中，他是独一份。《唐大诏令集》载："历观载籍，详求前制，而唐虞之际，焕乎可述，用是钦若旧典，以协惟新，可改天宝三年为三载。"唐虞是唐尧与虞舜的并称，即尧舜时代。汉代古籍《尔雅》载："夏曰岁，商曰祀，周曰年，唐虞曰载。"也就是说，周朝之后才开始以"年"纪元，而夏朝以岁、商朝以祀，唐虞则以载称。玄宗认为自己的功业可比尧舜，所以，凭什么理由不称"载"？

大家都焰气腾腾地过日子，王维却活得像一碗清水。因为他无比热爱隐逸的生活，动不动就跑到终南山去住住，走走看看，所以他就起心动念，给自己在终南山置了一处宅子。

它就是文学史上有名的辋川别墅。

辋川，辋川

鹿　柴

空山不见人，但闻人语响。

返景入深林，复照青苔上。

山中空旷，看不见人影，只听到人说话的声响。深林寂寞，夕阳照入深林，又返照在幽暗的青苔之上。

寥寥二十字，像一方小小的画框，框住了一方山水，一方寂寞。

山是空的，人是少的，而且还是不露面的。夕阳西下了，深林沉默地沐浴着金光，青苔沉默地沐浴着金光。而金光，也很快就要收敛，天，马上就要黑了。这是王维在他的辋川别墅里看到的一处景象。

他和他的好友裴迪在别墅的二十处胜景里逐处游览，逐处作诗，你一首，我一首，对着作，摽着作，然后结为《辋川集》。这一首是其中的第五首。

第一句"空山不见人"，正面描写了空山的杳无人迹，起笔看似平平，但是下面一句紧接着就是"但闻人语响"，一下子让幽静的空山活了起来，原来山里有人啊！但是，是什么样的人呢？却并不能看见，因为山深林密，越发让人觉得神秘。而整座空山，因为人语并没有喧闹起来，反而更加幽静了。前两句写的是空山人声，后两句就开始写深林夕照。前者为声，后者为色。深林原本就幽暗寂静，如今斜晖夕照，映在青苔之上，使得深林也有了一道光亮。而这道光亮，也并没有使得深林明亮起来，小片的阳光与大片的幽暗相比，使得深林愈发深暗——更何况夕阳斜晖，时间短暂，一闪即逝呢。

王维不愧是诗人兼画家，这首诗分明就是一幅画，有声的静寂，有光的幽暗，霎时人声、霎时光影的刹那，整个大自然显示出的幽静境界，被他把握得准准的。

裴迪和他作的对子诗是这样的：

> 日夕见寒山，便为独往客。
> 不知深林事，但有麏麚迹。

不如王维。

天宝三载（744 年），王维在终南山中买下了原先属于宋之问的别墅——辋川别墅，改建了一番，成了他的世外桃源。

辋川在长安城东南的蓝田，是终南山北麓蜿蜒曲折的一片川道。此地有水色山光，有清溪松瀑，有通幽小径，有叠嶂层峦。此地春有百花，夏有凉风，秋有黄叶，冬有冰雪。从山口而进，迎面是孟城坳，坳背则是华子岗，岗上多种青松。背冈面谷有辋口庄。过了山冈，有背岭面湖的文杏馆，馆后崇岭，岭上多竹。一径相通，缘溪而筑，走过去则是木兰柴。此处景致幽深，鸟声乱溪。溪流发源地的山冈叫茱萸泮，大概是这里山茱萸多，红果绿叶，星星点点。翻过茱萸泮，是一谷地。穿过谷地，登上岗岭，越发进了山的深处，这里就是鹿柴了。人迹稀少，鲜有人来。偶有人来，一句话好像就能响彻山谷。鹿柴下是北垞，临着欹湖，湖面空阔，倒映荧荧蓝天。北垞的山岗尽头是峭壁陡立，壁下湖里有舟，可通到南垞和竹里馆。湖光山色，观之不足，是以盖有临湖亭。亭上当轩对酒，四面开芙蓉。沿湖堤岸种有垂柳，柳丝倒映水面，风吹散如丝，如波如浪，是以题名"柳浪"。"柳浪"往下，有"栾家濑"，此处水流湍急，"浅浅石溜泻"，"波跳自相溅"。而且有水禽凫鸥，并不惧人，而且见到人来，还歪着小脑袋打量人，时不时地想要近人。离水南行，再入山里，山中有金屑泉，山下谷地就是南垞。从南垞顺溪而下，到入湖口处则有白石滩。此地滩水清浅，白石历历，绿蒲丛生。沿山溪上行，则到竹里馆。翠竹掩映，可供独坐，可供弹琴，可供长啸，可供消得永昼，直至明月相照。此外又有辛夷坞、漆园、椒园等处，都以种的花树命名。辛夷坞辛夷花开，漆园处漆树株株，椒园处花椒棵棵。

王维一步步退，从朝堂退到自然，从心外退到心内，从错综繁杂的交往退到一二知交足矣，斯世当以同怀视之。

《旧唐书》云："维弟兄俱奉佛，居常蔬食，不茹荤血；晚年长斋，不衣文彩。得宋之问蓝田别墅，在辋口；辋水周于舍下，别涨竹洲花坞，与道友裴迪浮舟往来，弹琴赋诗，啸咏终日。尝聚其田园所为诗，号《辋川集》。"

《新唐书》云："兄弟皆笃志奉佛，食不荤，衣不文彩。别墅在辋川，地奇胜，有华子冈、敧湖、竹里馆、柳浪、茱萸泮、辛夷坞，与裴迪游其中，赋诗相酬为乐。"

王维《辋川集序》云："别业在辋川山谷，其游止有孟城坳、华子冈、文杏馆、斤竹岭、鹿柴、木兰柴、茱萸泮、宫槐陌、临湖亭、南垞、敧湖、柳浪、栾家濑、金屑泉、白石滩、北垞、竹里馆、辛夷坞、漆园、椒园等，与裴迪闲暇，各赋绝句云尔。"

三段文字里，都有一个人出现：裴迪。

王维把他的辋川，还画成一幅画，名字就叫《辋川图》。他画在了清源寺壁上，后来清源寺圮毁，此画也已无存，却有历代临摹本。于临摹本中，可见群山绿水中有亭台楼榭掩映，山下有云水流动，偶有舟楫往还。画中人物，儒冠羽衣，弈棋饮酒，投壶流觞。山石染赭色后在石面受光处罩以石青、石绿，色彩凝重艳丽。宋代黄庭坚《山谷题跋》评它："王摩诘自作辋川图，笔墨可谓造微入妙。"

有元代诗人柯九思专作《王维辋川图》一诗：

......

华子冈头辋口庄，湖亭竹馆遥相望。

小桥摺转青红窗，树巢历历烟茫茫。

栾家濑前两舟上，柳浪一尺清风狂。

诗成相与和者谁，我家裴迪无能双。

丘壑风流固如此，安知画外清凉意。

凝碧池头天乐声，白石累累净如洗。

......

　　作画的人，必定把知己裴迪画进画里，那写诗评画的人，也就把他的至交好友裴迪写进了诗里。

　　这个叫裴迪的秀才，是他心里最为重要的一个知己。像他这样的一个好静好禅的人，若非真的交心，怎么会和这个人形影不离？他和裴迪是忘年交。裴迪比他小十五岁，两个人是山西老乡。对于王维来说，他的静谧中带着岁月伤痕的生命中进入一个活力满满、元气满满的灵魂，很开心。虽然两个人的身份差别很大，王维做官了，而裴迪不过是一个二十多岁的小秀才，但是这个秀才天生的性情冲淡，于仕途上并不怎么留心，倒是钟情于山水和修心，自来的有佛根，所以和王维能够谈到一起去。

　　裴迪和杜甫也有交往，两个人作诗以和。

和裴迪登蜀州东亭送客逢早梅相忆见寄

> 东阁官梅动诗兴，还如何逊在扬州。
> 此时对雪遥相忆，送客逢春可自由。
> 幸不折来伤岁暮，若为看去乱乡愁。
> 江边一树垂垂发，朝夕催人自白头。

　　王维隐居的时候，裴迪一直和他在一起，两个人"浮舟往来，弹琴赋诗"，过神仙过的日子。

　　人生一开始，总是有许许多多的好友知己，渐渐地越走越少，越走越散，往往到最后只剩下孤身一人。身边的人，有，只是，想说话的人没有了。

"少年听雨歌楼上，红烛昏罗帐。壮年听雨客舟中，江阔云低、断雁叫西风。而今听雨僧庐下，鬓已星星也。悲欢离合总无情。一任阶前、点滴到天明。"

王维觉得自己好幸运，人生至此，尚且有可以说话的人，愿意说话的人。

裴迪，裴迪

山居秋暝

空山新雨后，天气晚来秋。

明月松间照，清泉石上流。

竹喧归浣女，莲动下渔舟。

随意春芳歇，王孙自可留。

空山沐浴了一场新雨之后，天气一下子让人感觉好像入了秋。明月从松林之间的空隙洒下清光，清泉在山石上淙淙地流。竹林一阵喧响，原来是浣衣的姑娘归来了，莲叶动荡起来，原来是从上游来了渔舟。春日芳菲就让它随意消歇吧，此处何时都是甚美，王孙可以自在停留。

空山新雨后，山真的空吗？没有水吗？没有树吗？没有石吗？没有花吗？没有鸟吗？没有虫鸣吗？这些都有，但是当没有一个因素存在的时候，这些，就真的都是空了。这个因素就是人。人在，一切方才鲜活。因为山并不自知为山，水并不自知为水，树，石，花，鸟，虫，这些都并不自知身份。只有人才知道它们是什么。人在了，这些便都在了。人不在了，这些便都泯于空气，无知无觉。但是空并不等于没有生机。一场新雨下过，空气凉爽。正是晚来时刻，秋色渐深。此时明月于松间朗照，清泉在石上潺潺而流。诗人在不在？他在。他不在的话，这些境界都是死境。他的一双眼睛看过去，死境便被他看活了。

但他却始终不过是这个境界的旁观者。真正参与到这境界的，使这境界一下子活泼起来，像泼剌剌的水中游鱼的，是竹子哗啦啦的响处，一个妙龄少女走了出来。她是去水边浣衣，游荡着轻舟。有她在，这幅画猛地就活了！静物画成了3D画，全在这一个人物的出现。

"人"的出现，赋活了静物，也赋活了王孙的心。可是这个王孙也是有些多愁善感的，他看一眼姑娘仿若春花的脸，又看一眼步入秋天深处的山水画卷，想的是一切都挽留不住，春总归要走到秋。这难道不是王维自己心中所想吗？他中了状元的快乐很快就消散了，进入中央工作的快乐很快就消散了，娶妻的快乐很快被亡妻的悲痛给冲激得七零八落，盼着生子的期待很快被母子俱亡的惨景给打击得一无所有。

春天，的的确确是很快就会溜走，如同流水落花，到处是这样的天上人间。

但是，他已经走过了艰辛的心路历程，深切领略了无常的根本含义，所以他劝这个王孙，既然春芳想歇，那便让它歇吧，哪怕是入了秋，山色一天比一天冷落，但是也值得王孙你停留啊。

——他的心境，已经到了境随心转的地步了。

不能说他修炼大成，如果是修炼大成，也许他就不会在红尘打滚，而是孤峰山头坐，不问谁是我。但是他却能够以佛法教义为索，以诗歌为绳，以友情为索，把自己搭救出生命的枯寂和寥落。

他的山水田园诗，有许多都是从辋川生发出来的，也都是从清净自然的心境中生发出来的，就像沃土开花，就像山顶生云。

就在这样的心态中，他和秀才裴迪走遍了他的辋川，专为写辋川一带山山水水创作的二十多首绝句，辑为《辋川集》。

他们一起下到孟城坳，这里的古木唯余衰柳，让王维不禁替这衰柳发问来者为谁，又空悲昔人何在。而裴迪就开开心心地说我们在古城之下结庐，时不时地登到古城之上。古城今非昔比，昔人已去，自有今人来来往往。他们一起登上华子岗，王维望着飞来飞去的鸟和秋色连绵的群山，不知道为什么，心头惆怅；裴迪心头平静，因为已经日落松风起，所以催着一起把家回。这个时候草尖上已经结了露水，而一路走，满山翠色尚在，轻拂人衣。他们一起来了文杏馆，一起去到斤竹岭，一起在鹿柴消磨到天色已晚，转天又在木兰柴玩了一天。他们在茱萸沜看红红的茱萸果，又闻到了飘香的花椒和桂花。他们在路上见到了遮蔽径路的宫槐，路上又走过了阴阴的绿苔。秋天山雨又多，黄叶满径无人打扫。他们在临湖亭小坐，湖上有小舟迎来上客，一起当轩对酒，四面有芙蓉开放。他们坐着小舟到南垞去，为什么不到北垞哩？因为北垞太远了。隔着水浦望着远远的人家，大家你不认识我，我不认识你。他们在欹湖吹箫，一边吹着一边回头，看到山色青青，天上翻卷着白云。裴迪的心情舒畅得很，在舟上长啸一声，四面吹来清风。他们一起穿行在柳浪之中，看着柳影在水中倒映。王维说咱们才不要学御沟上的故典，在春风里伤怀别离。

——御沟红叶是一个故事，讲的是顾况在洛阳游苑中，在流水上得到一片大大的梧桐叶，上面有宫女题的诗。顾况第二天就在上游也题诗叶上，让它流进宫里，以此传情。

他们一起到了栾家濑，看着秋风之中，水浅浅地漱泻。水波跳荡泼溅，白鹭受惊飞起复又落下。裴迪和他一起看着白鹭鸥凫，彼此谈笑："看，它们冲咱们游过来了。它不怕你。"

"它也不怕你。"王维笑着说。

风景日夕佳，与君赋新诗

辋川闲居赠裴秀才迪

寒山转苍翠，秋水日潺湲。

倚杖柴门外，临风听暮蝉。

渡头余落日，墟里上孤烟。

复值接舆醉，狂歌五柳前。

寒凉的山变得郁郁苍苍，秋水一天天地潺潺湲湲流向远方。我拄杖站在柴门之外，临着风听暮蝉声声鸣唱。渡头那边无人来往，只有一轮落日快要落下，墟里人们归家，户户都有炊烟飘到天上。正赶上像楚国的隐士那样的好友裴迪喝醉啦，他在好比是陶渊明一样的我面前大声歌唱。

他们一起喝金屑泉的水，彼此开着玩笑，说喝了金屑泉的水，少说也得活一千多岁。他们一起走过白石滩，绿蒲一丛丛地铺展。他们终于来到了北垞，北垞在湖水的北面，有杂树映着朱阑。又有南川的水透迤行远，明明灭灭地消失在青林那端。裴迪说，走，咱们去樵采去呀，坐上小舟出菰蒲。他们在竹里馆里一待就是一天，这里是真静啊。一个人坐在竹林里弹琴长啸，一个人背着身仰望深林明月。世人离得他们真远。他们跑到辛夷坞来看木末芙蓉花，寂寞地在山中发出红萼。可是有谁欣赏呢？只有它们自己纷纷地开了又落。他们来到漆园，想起了庄子也当过漆园吏。那么裴迪说，咱们来漆园一游，也就得了庄叟那样的快乐。他们又跑到椒园来看花椒树，花椒树有什么好看的？但是在唐朝，花椒可是奢侈品。不光是在亚洲，在欧洲也很珍贵。法国就曾有一句谚语，叫"贵如花椒"。两个人就走一处，写一处，你写一首，我写一首，好朋友，手拉手，喝喝酒，写写诗，唱唱歌，弹弹琴。幸得有裴迪，王维日子过得，诗也写得，才不那么孤寂，不那么难过，而且可以说，很开心。

辋川别业

不到东山向一年，归来才及种春田。

雨中草色绿堪染，水上桃花红欲然。

优娄比丘经论学，伛偻丈人乡里贤。

披衣倒屣且相见，相欢语笑衡门前。

没来东山快有一年了，回来的时候正赶上耕种春田。雨中的草色绿得呀，可以用来染衣裳，水上的桃花红得呀，像火就要点燃。既有能够畅谈经学的和尚，又有年老伛偻的乡贤前来拜访，我披衣倒屣出门相见，说话谈笑在柴门之前。

后世人纳闷，为什么王维没有给妻子写过一首悼亡诗，而是和裴迪唱和了那么多首诗:《辋川闲居赠裴秀才迪》《山中与裴迪秀才书》《赠裴十迪》……

也不奇怪。怀念不见得一定要付诸笔墨，而和裴迪的唱和，则见证了两个人灵魂的契合。

赠裴十迪

风景日夕佳，与君赋新诗。

澹然望远空，如意方支颐。

春风动百草，兰蕙生我篱。

暧暧日暖闺，田家来致词。

欣欣春还皋，淡淡水生陂。

桃李虽未开，荑萼满芳枝。

请君理还策，取告将农时。

一早一晚都是好日子，我和你一起赋起新诗。你面容淡然地望着高远天空，我用如意托起我的腮边。春风吹动了柔软的百草，兰蕙生在了我的柴篱。日光融融暖了屋舍，农夫跑来跟我陈辞。他跟我说如今草木欣然，春天已经回到田野，水波淡淡，也已经涨满了陂池。虽说桃花李花尚未开放，但是嫩芽花萼已经长满了芳枝。你还是早点做好回去的准备吧，我大胆地说一声，不要误了农时。

——这首诗并不是和裴迪说什么话，而是写出来给裴迪看的，王维自己的一个生活片段，眼前所见，和老农的忠告。他就是觉得有什么事愿意写在诗里，给裴迪看一看，想来裴秀才也不会嫌他啰唆……一贯冷淡自持的王维在小他十几岁的裴迪面前，有一种小小的任性。任性得满足，任性得喜悦。

当然，裴迪也给他写。

辋口遇雨忆终南山因献王维

积雨晦空曲，平沙灭浮彩。

辋水去悠悠，南山复何在。

裴迪遇了雨，就想起了终南山的光景，写了一首诗献给王维。二十个字都是写的景致，唯有最后一句淡淡的抒情也不过是问一句南山复何在。裴迪心里没有惆怅，他正年轻，年富力强。世界很大。

一个叫崔九的人要往南山去，裴迪相送，于是给王维写了一首诗留别：

崔九欲往南山马上口号与别（又名《留别王维》或《送崔九》）

归山深浅去，须尽丘壑美。

莫学武陵人，暂游桃源里。

你要是归山啊，那就无论深浅，多走走看看，要把山峦沟壑都尽情赏玩。可不要学那个入了桃花源的武陵人啊，只在桃花源待了几天就匆匆回返。

这首诗，怎么说呢，说的是留别王维，诗却不是写给王维的口气。他是给崔九说话呢，让崔九如果去了南山就多走走看看，尽兴才好。

这么稍一作比，就会觉得，哪怕友情也罢，也是王维用情深，裴迪用情浅……

斯之不远，倘能从我游乎

过感化寺昙兴上人山院

暮持筇竹杖，相待虎溪头。

催客闻山响，归房逐水流。

野花丛发好，谷鸟一声幽。

夜坐空林寂，松风直似秋。

　　王维和裴迪经常一起拜会朋友。一路上，听山中声响，涧中水流。野花丛丛，鸟鸣更幽。到夜来朋友们坐在空林之下，明明是春夏热闹时节，松风一吹，凉凉的，好像秋天到了。

　　裴秀才也要考功名，他正年轻，世事未经，也有自己的壮志待伸。所以，他总归是要出谷的，要温书准备科举。当他走后，王维就寂寞了。于是他就给裴迪写信：

山中与裴秀才迪书

　　近腊月下，景气和畅，故山殊可过。足下方温经，猥不敢相烦，辄便往山中，憩感配寺，与山僧饭讫而去。

北涉玄灞，清月映郭。夜登华子冈，辋水沦涟，与
月上下。寒山远火，明灭林外。深巷寒犬，吠声如豹。
村墟夜舂，复与疏钟相间。此时独坐，僮仆静默，多思
曩昔，携手赋诗，步仄径，临清流也。

当待春中，草木蔓发，春山可望，轻鲦出水，白鸥
矫翼，露湿青皋，麦陇朝雊，斯之不远，倘能从我游
乎？非子天机清妙者，岂能以此不急之务相邀。然是
中有深趣矣！无忽。因驮黄檗人往，不一，山中人王
维白。

他说，如今近腊月了，天气挺好，山里景致不错，很值
得来这里一住。只不过你正在温习经书，所以我也不敢烦你，
所以我就自己去山里一遭，在感配寺小憩，和山僧吃过饭才
离开。

向北呢，过了玄灞，天上一轮月亮清清亮亮地映着村郭。
夜里登上华子冈，辋川的水泛起一圈圈的涟漪，和月亮上下
映辉。寒山远火，在林外一明一灭地着着。深巷里的寒犬吼
叫起来像是野豹。村子里夜来有人舂米，声音和疏疏落落的
钟声相间相和。此时我一人独坐，童仆也都静默。想起咱们
过往的好多事情，一起携手，一起赋诗，一起走过窄窄的小
径，一起临着清流。

等到了春天，草木生发，春山可供远望欣赏。有鱼儿出
水，有白鸥飞翔，晨露打湿青青的高地，麦垄里有野鸡鸣叫。
快了，春天快来了。你离得我也不算远，还能不能来找我玩
啊？要不是你是一个得窥天机，能享清净妙处的人，我怎么

会拿这样的没什么急事儿的事儿相邀。但是，这些事儿里乐趣可深妙了，可别瞧不上啊。因为有驮运黄檗的人出山，所以我托他带给你这封信。好了，不多说了，山中人王维。

——"斯之不远，倘能从我游乎？"听上去，有点卑微，有点讨好，有点小心翼翼。希望裴迪还来，所以用自己的生花妙笔，写了山中的好多好处。来吧，我希望你来。你不会不来吧？

白居易与元稹也是，交情莫逆。元稹因为直言劝谏，触怒了宦官显贵，被贬为通州司马。同年八月，白居易也被权臣嫉恨，宪宗听信谗言，把他贬为江州（今江西九江）司马。白居易在秋风瑟瑟中离开长安，走的恰好是元稹不久前走过的路。一日，他行至蓝桥驿，一下马，便在驿站的墙柱上发现了元稹路过这里时写的一首《西归》绝句，诗人百感交集，提笔在边上和了一首诗：

蓝桥春雪君归日，秦岭西风我去时。
每到驿亭先下马，循墙绕柱觅君诗。

元稹在通州听说白居易被贬九江，极度震惊，不顾自己病重在床，提笔给白居易写信，并赋诗一首《闻乐天授江州司马》：

残灯无焰影幢幢，此夕闻君谪九江。
垂死病中惊坐起，暗风吹雨入寒窗。

王维诗传 | 189

不久，白居易收到了这首诗，不顾风险，再次回信，恳请好友千万自己保重。元稹一收到信，知道是白居易写来的，还未拆开就已泪眼蒙眬。女儿吓哭，妻子惊慌。元稹告诉她们，自己很少这样动情，除了接到白居易来信的时候。为此，元稹又特意寄诗给白居易：

> 远信入门先有泪，妻惊女哭问何如。
> 寻常不省曾如此，应是江州司马书。

不要说情情爱爱折磨人，就是友情深了，也是折磨人，在时教人心头甜，离时教人心头痛。

金鱼和木鱼

临湖亭

轻舸迎上客，悠悠湖上来。

当轩对尊酒，四面芙蓉开。

乘坐小船迎接上客，在湖上悠悠而来。宾主当轩举杯而饮，四周一片芙蓉盛开。

小船上盛不下三四个人，只可能是宾主二人相对而饮。也不会高声喧哗，而是浅笑低语。轻轻的二十个字，平平静静、安安定定的小日子。这是王维喜欢的生活方式。

李白是在742年八月奉诏进京的，入宫面圣，待诏翰林。744年，李白四十四岁，初春被"赐金放还"。在这一年多的时间里，李白出入宫禁，王维也在朝为官。后世无数人都想着如果他们两个人有交情就好了，是好朋友就好了，然而并没有。李白和王维的职位不同，职能也不同，但是这不是没有来往的理由。

诗人酬唱，哪怕远隔千里万里，都会有诗作流传，但是王维和李白同在长安，却找不到交集的蛛丝马迹。奇怪吗？

好像也不。王维像水，胸怀很少激荡澎湃，不是大江大海，而是一泓深泉，一池寒潭，照得见云破月来，照得见缥缈孤鸿。李白像风，鼓荡来去，少有休歇。不是拂面春风，吹动寒潭静水，落花轻移，而是飓风龙卷，足够搅动风云。两个性情不同的人，想要投契不容易。而且李白是多年钻营不得出路，乍蒙恩诏，便"仰天大笑出门去，我辈岂是蓬蒿人"，要说一点都不轻狂也不现实；虽然他们都遭遇过丧妻之痛，但是显然却有着不一样的人生体验。王维大概是看不大上这种轻狂样子的吧。

——诗人千人千面，唯有诗的情怀是可以过滤掉一切的脾性而像一缕灵魂一样流传下来。但是落实到有血有肉有脾性的人身上，那就基本上是木鱼和金鱼的区别。木鱼是用来敲的，金鱼是用来游的。木鱼声声，金鱼听不懂它在说什么。金鱼的嘴巴里不停地吐泡泡，木鱼也觉得这家伙鼓肚皮、大眼睛、脑门长红包，样子好怪哦！

再说了，王维已经融入了长安的官僚圈子，李白不过是一个外来人而已。所以李白日常所交往的，大概也是和自己同样际遇的人，比如书法家和诗人张旭。至于别的人，未必都和他亲善，甚至觉得他这个人是个异类，否则他也不会写诗："时人见我恒殊调，闻余大言皆冷笑。"王维少年时是一个翩翩儒雅的小公子，如今是翩翩儒雅的官老爷。

他们两个性格不同，脾气不同，精神追求也不同。李白是修道的，王维是修佛的。王维的修佛在字里行间带出来，李白的修道也在字里行间带出来："霓为衣兮风为马，云之君兮纷纷而来下。虎鼓瑟兮鸾回车，仙之人兮列如麻。……别君去兮何时还？且放白鹿青崖间。须行即骑访名山。"这些天上仙人，都是道教阵营里的神仙。白鹿也是道教意象。他的奔腾澎湃的想象力没办法和王维共享，王维虚静的精神境界也引不起李白的震动。两个人是两团截然不同的精神气团，好像在两个不同的异度空间。

然后，就成了这么一个结果，彼此都处于长安，却被对方忽略得彻底，形成了大唐文学史上一个诡异的空洞。他们没有彼此詈骂，没有彼此攻讦，只是彼此无视，却是诗人对于彼此最冷的待遇。你在，我当你不在。

其实最重要的是王维的态度。

对于一个初来乍到长安的人来说，李白会嚣张，不会跋扈，会吹牛皮，不会拒绝别人的招揽。但是偏偏李白的爱喝酒，好喝醉，喝醉了胡说八道，乱吹牛皮，行为癫狂不自制，对于一向冷静、清醒而克制的王维来说，都是极其无法接受的行为模式。冰和火能在一起吗？所以，李白很可能一开始就被王维给无视了个彻底。

毕竟就算李白初来长安，受玄宗青睐，被许多的人拉着喝酒巴结，但是王维明显不是特别注目于官场的人，否则他也不会四十来岁了，少年登科，直到现在仍旧是一个小小的从七品。所以，很可能王维从初见李白的说话和行事作风之后，就采取了一个态度，用六个字来说，那就是：避之，唯恐不及。

他们两个人的个性其实都很尖锐。李白是谁看不起我，我就怼谁。王维是我看不起谁，我就不搭理谁。一个不搭理你的人，你想怼都没有理由是不是？所以李白可以写《上李

王维诗传 | 193

邕》，他没办法写《上王维》，因为王维就是一团冷淡淡的空气。你能对着空气挥舞拳头吗？

杜甫却和他们都不一样。杜甫是土性人，有着涵容一切的特质。所以他欣赏王维，尊王维为"高人"，他崇拜李白，称李白为大兄。

——谁也不知道我们这个时代过去，大浪淘沙，会留下哪些人物，这些人物之间在后世人看来是铁板一块的新时代新文人，似乎一个名词就可涵而括之，但是，人与人之间内里的荡漾生动，不足为非同朝代的外人道也。

第九章

心自净也

酒筵嫌落絮，舞袖怯春风

三月三日勤政楼侍宴应制

彩仗连宵合，琼楼拂曙通。

年光三月里，宫殿百花中。

不数秦王日，谁将洛水同。

酒筵嫌落絮，舞袖怯春风。

天保无为德，人欢不战功。

仍临九衢宴，更达四门聪。

　　这是一首应制诗，诗题点明了地点是在勤政楼。据《旧唐书》载，玄宗于天宝年间于勤政楼宴群臣一共是两次：一次是在天宝四载（745年）的三月甲申，一次是在天宝十四载（755年）的丙寅。

　　王维这首诗里彩色的仪仗飘飘，又有琼楼玉宇和百花齐放，而且酒筵丰美，舞袖娇怜，老天都保佑皇帝的无为而治的盛德，这么一来，显然更合乎天宝四载的时间段。至于天宝十四载，即将爆发安史之乱的时候，也未必不会有这般景象，但是，如果真的是那时候写的，事后读起来，那可就真的是，扎心了。扎得狠狠的。

过了春天后，天宝四载（745年）夏，王维一路向北，出使榆林、新秦二郡。他于744年冬或是745年春已经升迁为侍御史，官阶为从六品下——侍御史和他以前当过的殿中侍御史不是一回事。侍御史的任务是"掌纠察内外，受制出使，分制台事"，王维身为此职，出使纠察，恰合其分。

也就是在这一年，玄宗下旨，册封韦昭训的女儿为寿王妃。紧接着，八月册封杨太真为贵妃，赐其父玄琰兵部尚书，其叔父玄珪为光禄卿，从兄铦为殿中少监，锜为驸马都尉。贵妃的三个姊妹，都赐府第。一门宠贵，赫然熏天。至此，杨国忠登场。杨国忠原名杨钊，是杨玉环的从祖兄，也就是远房的堂兄，一个不学无术的市井流氓。他在蜀地从军，杨玉环的父亲杨玄琰死在蜀地，杨钊和他们家往来密切，还和杨玉环的一个姐妹虢国夫人不清不楚。天宝九载（750年），玄宗赐名国忠。天宝四载（745年），安禄山也以边功邀宠，数次发兵侵袭奚和契丹，甚至以自家的边民头颅当作军功。九月，奚和契丹各杀唐公主以叛。但是玄宗还觉得他能干。如今的玄宗，家大业大，挥霍无度，赏赐无节，闭耳塞听。他要花钱，就要有人替他敛财。钱从哪里来？从百姓身上搜刮得来。以前的开元全盛日，和贞观丰年，如今都渐渐成了远去的虚影子。一路上坐在车上，王维心里东想西想。正值熏夏，风停日暖，头顶是湛湛蓝天。一路上有些闲花野草相伴，这么多年来的朝政风云和悲欢离合在心里过了一遍。

此时二郡长官是王忠嗣。王忠嗣原名王训，太原祁人，后定居于华州郑县。他是唐朝名将丰安军使王海宾之子。他的父亲王海宾是国家功臣和烈士。开元二年（714年）七月，吐蕃进犯陇右，王海滨受命做先锋与吐蕃兵交战取胜，受帐下众将，也就是各位同事的嫉妒，不给他援兵，一个劲儿地观望，以至于他寡不敌众，战死沙场。趁着他重创敌人的战机，唐军进攻，大获全胜。玄宗怜惜王海宾，追赠他为左金吾大将军。当时王训才九岁，授任尚辇奉御，算是给了这个小孩子一点恩怜。他入宫拜见唐玄宗，伏地大哭，唐玄宗怜爱他，赐名"忠嗣"，收养在宫中。后来的太子李亨还没当上太子，还是忠王的时候，唐玄宗授意李亨和王忠嗣做朋友。因为他收养忠嗣的原因，就是想把他变成一员虎将。

王忠嗣不负众望，长大成人后，勇猛少言，多谋略，和唐玄宗一起谈论兵法，对答如流。玄宗很高兴，先是让他当代州别驾，也就是试试水的意思。因为他的背后直接有皇帝撑腰，当地的大姓豪强都捏着脖子谁也不敢惹事，否则多少脑袋也不够砍。王忠嗣喜欢带轻骑出塞，李亨怕他在塞外有闪失，毕竟刀剑无眼，但是劝他他又不听，就跟玄宗告状，玄宗干脆把他召回来摁在宫里，不许他出门。长成后，他一直想的是为父报仇，想要出河西作战，唐玄宗虽然把他派去给人当部将，但却特意下诏，不许任他为重将，那意思不许他冲锋陷阵，恐怕折损了他。但是王忠嗣天生就是要刀头饮血，重剑出锋，于是在开元二十一年（733年），率精兵数百冲入正在练兵的吐蕃大军阵中，斩杀数千，缴获羊马数万。他的长官能怎么办？当然是给他上奏请功啦。玄宗一看收养的孩子这么有出息，那当然是高兴得很啦！于是王忠嗣就一路升迁。

不见君，心相忆

新秦郡松树歌

青青山上松，数里不见今更逢。

不见君，心相忆，此心向君君应识。

为君颜色高且闲，亭亭迥出浮云间。

你这棵在山上郁郁青青的松树啊，好几里没看见你，现在又看见了。我看不见你的时候啊，心里就忆念着你。我的心向着你啊，你应该明白。我之所以喜欢你，是因为我的君子啊，你的颜色高雅而闲逸，亭亭出盖，高出浮云。对着松树王维也能如此深情。而且他面对的，还是异地他乡的一棵松。

接着说王忠嗣的事。王忠嗣这一升迁，就又碍着别人的事了，搞得别人诬陷他，他又被贬官。但是他作战勇猛，屡立战功，朝廷又把他给提拔起来，继续一路直升。到王维这一次出使的时候，天宝四载（745 年），王忠嗣被授予御史大夫，充任河东节度采访使。五月，被封为清源县公，他身兼数职，安定边塞，已经是国之重臣。他继承了他父亲的热血和忠心，他曾经对人说："当国家安定的时候，作为将领的职责是抚恤军队而已。我不想凭借国家的力量，来捞取个人功名。"他既会身先士卒，又会带兵，带出来的兵卒日夜思战，悍不畏死，师出必胜。

到了天宝五载（746年），他担任西平郡太守、判武威郡事，担任河西、陇右节度使，又暂替朔方、河东节度使事，一身佩四种将印，制边万里，重镇陈兵。紧接着除了他身兼的这些官职外，又授鸿胪卿，又加授金紫光禄大夫，他的一个儿子也被授予五品官。此后在青海打仗，在积石打仗，没有不胜的。在墨离讨伐吐谷浑，占其全国，而后鞭敲金镫响，齐唱凯歌还。但是，盛极必衰，出头橡子先烂，李林甫已经是势焰熏天，对于王忠嗣很是嫉妒，天天都想着找茬弄死他。——其实也不全是嫉妒的事。王忠嗣数次上书奏言安禄山将会作乱，安禄山也是一个特别会处关系的人，对李林甫奉承得不行不行的。王忠嗣在宫里长大，对于李林甫并不怎么买账。

天宝六载（747年），董延光献计请求攻占石堡城。王忠嗣不大高兴，也不乐意配合朝廷。因为这座城池，在他这个打仗打老了的将帅看来，是得到它也没什么用，并不能遏制敌人，失去它也不疼不痒，对国家也没什么害处。既然这样，为什么一定要用几万人的命，去打这么一座城，死很多的人，勉强打下来，然后用它来给自己换更高的官位呢？他想，本来我平生初愿，就不是为的追求显贵啊。有人劝他要好好配合朝廷，否则一旦失败，朝廷一定会把失败归罪到你的身上。但是他仍旧坚持己见。结果就是奉命攻打石堡城的将领未能如期攻下，于是上奏说是王忠嗣延缓出兵，才导致战事无功。李林甫对这个送上来的巨大的把柄如果不用，那他就不是李林甫了。他马上就命人诬告王忠嗣，说他曾经说过这样的话："早年与忠王在宫中一起生活，我愿意尊奉太子。"好毒辣的一句话！一石二鸟的一条妙计！既能拉王忠嗣下马，又能拉李亨下马。

　　唐玄宗大怒，把王忠嗣召进朝廷，命三司拿下审问，王忠嗣真的差一步就被活活地陷害死了——大唐官场，在害死王忠嗣的生父之后，又冲着这个忠诚刚勇的儿子张开它的血淋淋的大嘴。这时候，哥舒翰代替王忠嗣成为了陇右节度，正是蒙圣恩盛宠的时候，他上奏为王忠嗣辩白，言辞恳切，令皇帝动容。而且他又请求用自己的官职替忠嗣赎罪。唐玄宗怒气稍歇，却是死罪已免，活罪难逃，王忠嗣被贬汉阳太守，不久转任为汉东郡太守。天宝八载（749 年），王忠嗣暴死，终年四十五岁。

　　此时不知将来事。王维出使的时候，王忠嗣正是战功赫赫，恩宠隆盛，如日中天。王维到此地，只为宣慰，宣读过圣旨，吃过漫漫黄沙、号角嘹亮的军营里的豪放的酒宴，到了夜来，一个人在大漠上行走，看着天边一轮圆月，此地风吹沙冷，只觉孑然一身。他在新秦郡见到一株松树，也不知道是想起了谁，还是说寂寞了，想对着这株松树说说话，抒发抒发心情，于是作了一首写松树的诗。

论道南阳郡

榆林郡歌

山头松柏林，山下泉声伤客心。

千里万里春草色，黄河东流流不息。

黄龙戍上游侠儿，愁逢汉使不相识。

山头长着郁郁苍苍的松柏树林，山下的泉声阵阵，伤的是漂泊客旅的心。千里万里看见的都是青青春草，黄河向东流啊，流啊，流个不停。黄龙戍上的游侠儿啊，他看见我这从中央来的使节，我们也互不相识。

离家在外，总是愁人的事。人最怕的不是穷，是愁。人最愁的是心无定处，甚于身体的漂泊。而心在身体里揣着呢，身体一动，心也就跟着动了。真当王维是神仙、是成佛的人，可以一颗心无动摇，只知喜乐不知愁吗。

王维三次出长差，第一次是出使凉州，第二次是知南选，第三次是出使榆林、新秦。

他曾经在南阳郡一个叫临湍驿的地方和神会和尚论道。南阳郡，原名邓州，坐落在今日的河南。他是怎么跑到南阳郡的？当然是利用出长差之便。那一次出差路上发生的事情，后世有两种说法：

一种说法是他在开元二十八年（740年）秋，到桂州"知南选"，一路途经蓝田驿、商洛、武关、内乡，到达南阳界，投宿在"临湍驿"，在这个驿站发生了南阳论道这样的事。

王辉斌先生在《王维开元行踪求是》一文中，这样表述：

> 综以上对王维"开元行踪"的考察……开元二十八年的秋天，王维以监察御史之衔自长安经大散关入蜀，"知南选"于黔州。翌年春正月事毕，乃由渝州顺长江东下至夏口，之后溯汉水而上抵襄阳，并于南阳临湍驿与神会等"说经数日"，旋北返长安。翌年改元天宝，唐玄宗下诏令，"内外文武官九品已上，各赐勋两转"，王维乃由正八品下的监察御史，擢升为从六品下的侍御史。

另一种说法是，王维于天宝四载（745年）在南阳郡临湍驿中与神会和尚晤谈。这是陈铁民先生提出来的，他的依据如下：胡适辑《神会和尚遗集·神会语录》第一残卷："门人刘相倩云，在南阳郡见侍御史王维，在临湍驿中屈和上及同寺慧澄禅师语经数日……"

王维在知南选后任殿中侍御史，而出使榆林、新秦的时候已经是侍御史了。殿中侍御史和侍御史是不一样的。

所以，我们就采取后一种说法吧。那么，这个晤谈，就是他第三次出使的最大收获了。

神会是谁？禅宗六祖惠能的弟子，荷泽宗的宗祖。他三十岁到三十四岁在荆州玉泉寺师从神秀学习禅法。久视元年（700年），神秀被武则天召入宫中说法，他就劝弟子们到广东韶州师从惠能学法。于是，神会去了曹溪，数年后北游参学。当他返回曹溪，惠能知他学成，将示寂时，授他印记。开元八年（720年），神会被敕配住南阳龙兴寺，声望大起。天宝四载（745年），六十一岁的神会应请入住东都荷泽寺。

《荷泽神会禅师语录》云：

> 门人刘相倩云：于南阳郡，见侍御史王维，在湍驿中屈神会和上，及同寺僧惠澄禅师，语经数日。于时王侍御问和上言："若为修道得解脱？"答曰："众生本自心净，若更欲起心有修，即是妄心，不可得解脱。"
> ……
> 众起立厅前，澄禅师咨王侍御云："惠澄与会阇梨，刚证不同。"王侍御笑谓和上言："何故不同？"答："言不同者，为澄禅师先修定，得定已后发慧。会即不然，正共侍御语时，即定慧俱等。是以不同。"侍御言："阇梨，只没道不同。"答："一纤毫不得容。"又问："何故不得容？"答："今实不可同，若许道同，即是容语。"

——是不是不懂？没关系，王维懂。他甚至觉得自己的思想发生了大地震。

想得明明白白

饭覆釜山僧

晚知清净理，日与人群疏。

将候远山僧，先期扫弊庐。

果从云峰里，顾我蓬蒿居。

藉草饭松屑，焚香看道书。

燃灯昼欲尽，鸣磬夜方初。

一悟寂为乐，此日闲有余。

思归何必深，身世犹空虚。

晚上知道了清净的佛理，白天就和喧闹的人群拉开了距离。我要等候着远方而至的覆釜山的僧人，所以就先打扫好了自己的房子。和尚果然从云峰中莅临，下顾我这简陋的茅屋。我们坐在草上吃着松果，焚着名香看着佛书。佛灯燃了一夜，白天就要结束，磬声敲响了，夜晚刚刚才开始。一旦悟到了寂灭的欢愉，我这一生都觉闲静安宁。何必再想着深深地归隐呢，人生在世，到处都是空虚。

这首诗不清楚是什么时候写的，不过看起来应该是他晚年的作品。因为王维特别喜欢"饭僧"，也就是斋僧，就是把和尚请到家里来供养。这首诗就是写的他斋僧的情况。他写作的时候，显然已经离得现实越来越远。有的人是两只脚都踏在尘世，有的人是两只脚都踩在云里，有的人是一只脚踏在尘世，一只脚踩在天上。王维现在也快要脱离开尘世了。这是一个真真正正的佛种子，对于佛法甚至是有着天然的、先验性的爱好。学者们纷纷考证覆釜山僧是谁，但是又没有结果。

不过，王维晚年曾久居南阳，而且他又曾经在南阳为惠能大师作碑铭，而且他出使路上，途经南阳，遇惠能弟子神会而论道，所以，有人认为，诗里的覆釜山僧有可能是一位南阳僧人。——有人说这覆釜山僧本来就是指的神会。

因为王维和神会结缘，所以惠能大师圆寂几十年后，神会礼请摩诘居士为恩师撰写碑文。其实王维、柳宗元、刘禹锡都撰写了墓志铭，其中以王维的《六祖能禅师碑铭》最为后人推崇：

> 无有可舍，是达有源。无空可住，是知空本。离寂非动，乘化用常。在百法而无得，周万物而不殆。鼓枻海师，不知菩提之行；散花天女，能变声闻之身。则知法本不生，因心起见；见无可取，法则常如。世之至人，有证于此，得无漏不尽漏，度有为非无为者，其唯我曹溪禅师乎？

"无有可舍，是达有源。无空可住，是知空本。""得无漏不尽漏，度有为非无为。"他真的是想得明明白白。

《小窗自纪》中有这样一句话："雅乐所以禁淫，何如溪响、松声，使人清听自远；蕭韶所以御暴，何如竹冠、兰佩，使人物色俱闲。"恰合王维此时的生活状态和精神状态。

郊庙祭祀，慎终追远，黄钟大吕，肃穆庄严，所以雅乐能够禁止人们心中的邪淫。但是，这也只是一时的作用，生活中声色犬马，会很快消解雅乐的影响，使人耽于追欢买笑，淫乐奢靡。所以，雅乐远远比不上自然中溪流的响声与阵阵的松风，若能时常郊外走走，清泉濯足，倚松而坐，更能够使人情怀响亮清通，不受邪淫魅惑。大自然好像大海，可以轻易涤荡人心中的污垢，使人的情操自然而然得到提升。

想当初，屈原干脆"朝饮木兰之坠露兮，夕餐秋菊之落英……擥木根以结茝兮，贯薜荔之落蕊"，又"制芰荷以为衣兮，集芙蓉以为裳。不吾知其亦已兮，苟余情其信芳"。虽然他未必真的饮露餐英，制芰荷之衣，着芙蓉为裳，但是他亲近自然是真的，好像一颗在世俗红尘中被锻打得焦灼不堪的心，本能地向往宁静净洁的自然。

如今王维也从人群中退了出来。他一步步亲近佛理，一步步步入自然。以他的素养而论，他自然听得懂气势恢宏的雅乐，但是他更愿意聆听禅理佛音，更愿意亲近花木自然。溪声净耳、松风拂尘、竹枝扫衣、兰叶葳蕤如同纶音，使人心地清芬。

第十章

荊棘生也

野无遗贤

苑舍人能书梵字兼达梵音，皆曲尽其妙，戏为之赠

> 名儒待诏满公车，才子为郎典石渠。
> 莲花法藏心悬悟，贝叶经文手自书。
> 楚词共许胜扬马，梵字何人辨鲁鱼。
> 故旧相望在三事，愿君莫厌承明庐。

这首诗的大致意思是说，天底下的名儒才子等待征召的可多可多了，苑舍人你这个尚书郎更了不得。佛家经典你感悟得又深又透，甚至于贝叶经文你都能够自书。论起楚辞来，扬雄和司马相如也不如你；论起梵字来，除了你，还有谁能辨得清"鲁"字和"鱼"字。至于"故旧相望在三事，愿君莫厌承明庐"，不能确切知道是何意，只知道是对于苑舍人的推崇。

这首诗当是在天宝六载（747 年）所写，四十七岁的王维被任命为库部员外郎，官阶从六品上。他仍旧是沉浸在佛学之中，用佛学禅义和现实拉开距离。主要是现实确乎让人不喜。

朝堂上，李林甫越来越疯狂了，为了巩固自己的地位，排除异己，手段异常狠辣。比如对待太子。《太平广记》里记载了一件事：肃宗还是太子时，当年在东都被李林甫所陷害，情势多次都很危险。很短时间，愁得两鬓都长出了白发。有一次上早朝时，玄宗看见他就神色骤变说："你有病就回宫院休养吧，我下朝后就去看你。"等玄宗到了太子的宫院，环视宫中庭园，打扫得很不干净，乐器、屏风、帏帐等都积满了尘土，左右使用的人，连一个女子也没有。皇上为此很生气，回头对力士说："太子住的地方条件这样差，你为什么不禀告我。"力士回答说："我曾经想要禀告皇上，可是太子不允许。他说：'不要惊动皇上，使皇上挂念。'"他不是不忍心惊动，他是不敢惊动，就这，李林甫还找他的茬，想治死他哩。

　　比如对待大臣。李邕年少成名，被召为左拾遗，曾任户部员外郎、括州刺史、北海太守等职，人称"李北海"。——有钱，有权，有才，有名。史载"邕素负美名，频被贬斥，皆以邕能文养士"，结果李邕晚年摊上大事。本来是一个姓柳的人，造谣构陷他自己的岳父交构东宫，批评皇帝。李林甫马上派爪牙京兆士曹吉温与御史审理此案，结果查出这个姓柳的人才是挑事的首谋，就以"妄称图谶、交构东宫、指斥乘舆"的罪名把他下狱。结果吉温命令姓柳的攀扯李邕，供称李邕与此案有牵连。这么一来，姓柳的和他的岳父都被杖毙，陈尸大理寺，李邕也在第二年的正月被李林甫派心腹到山东活活杖杀。还有很多大臣被他整死，有很多大臣怕受他迫害，不是自缢就是喝药自杀。

　　比如对待来参加科考的举子。这一年，全国考生齐聚长安，参加科考。这次的主考官是李林甫。李林甫怕这些读书人考中了会揭发他的过错，怎么办呢？他一咬牙，干脆，谁也甭考中了。但是，理由是什么？怎么跟皇帝交代？榜单上一个人也没有。没关系，他有办法。他兴冲冲上表祝贺，说这个结果说明咱们朝廷已经把所有人才都网罗上来了，民间一个人才都没有了！"野无遗贤！"真是一场闹剧。

诗人元结在《喻友》中详述此次考试情形：

> 天宝丁亥（六载）中，诏征天下士人有一艺者，皆得诣京师就选。相国晋公（李）林甫以草野之士猥多，恐泄露当时之机，议于朝廷曰："举人多卑贱愚聩，不识礼度，恐有俚言，污浊圣听。"于是奏：待制者悉令尚书长官考试，御史丞监之，试如常吏。已而布衣之士，无有第者。（李林甫）遂表贺人主，以为"野无遗贤"。

元结也是被"野无遗贤"的一个。后来，元结于天宝十二载（753年）进士及第。唐肃宗乾元二年（759年），元结任山南东道节度使翙幕参谋，招募义兵，抗击史思明叛军，保全十五城。唐代宗时，元结任道州刺史，调容州，加封容州都督充本管经略守捉使，政绩颇丰。元结一生著有元子十卷、文编十卷、《新唐书·艺文志》猗玕子一卷和《文献通考》，并流传于世，他所编的诗选《箧中集》也依然尚存。

结果，李林甫说，野无遗贤。

杜甫是后世响当当的诗圣。结果李林甫说，野无遗贤。

惆怅掩柴扉

归辋川作

谷口疏钟动，渔樵稍欲稀。

悠然远山暮，独向白云归。

菱蔓弱难定，杨花轻易飞。

东皋春草色，惆怅掩柴扉。

    山谷的谷口有钟声疏疏地响起，打鱼砍柴的人迹渐渐变稀。悠悠然的远山已笼暮色，我独自向着白云生处归去。菱蔓软弱难有定准，杨花绵绵轻轻地一吹就飞。东皋有春草绽出碧绿的颜色，我惆怅地掩上了柴扉。这首诗写得很安静，很惆怅，很孤独。

    "野无遗贤"这么一个荒唐的结果，玄宗竟然就信了。真是的，李林甫说什么，他就信什么。玄宗就是中了李林甫的毒，因为他说的话，自己实在太爱听了。《新唐书·李林甫传》载，李林甫对朝中大臣说，做臣子的，顺着明主说还来不及，还乱嚼什么舌头。你们没见那些仪仗马吗？它们一天天不说话，却能享受三品的马料；张嘴叫一声就被废斥不用，到那时候，后悔都来不及。这就是他的朝堂之道。那些听他话的大臣，果然在朝堂上顺着皇帝说，是是是，对对对，行行行，好好好，史称"由是谏诤路绝"。

至于玄宗自己，他也忙得很。他特别喜欢带着贵妃泡温泉。这一年，他把温泉宫改为华清宫。去华清宫的时候，仪仗浩浩荡荡。杨国忠和杨家的三姐妹同去，他们乘坐的哪怕是一辆牛车呢，也是用黄金翡翠作装饰，还有珍珠、美玉。装饰一辆牛车的费用，何止几十万贯。后来不愿意用牛车了，就改乘马车。马嘛，当然也是要攀比的，于是又竞相购买名马，用黄金打制马嚼子，用华丽的锦绣作障泥垂在马腹两侧。三姐妹先在杨国忠府上集合，然后一同进宫，仪仗车马的豪华劲耀眼争光，吸引得人们竞相围观，观者如墙。从杨国忠的府第到京城东南角，仆夫、车马排成了一长溜。杨国忠和宾客坐在府门下，指着这长长的车队说："我家出身寒微，因为贵妃跟当今皇上结为亲家，以至于富贵显赫到这种程度。我现在也不知道将来的归宿在哪里。但是考虑到像我们这样靠跟皇上结亲而显赫的人家，终归不能在史书上留下什么美好的声誉，还不如尽一时之富贵享乐呢！"像这样的思想境界，怎能去忧国忧民？

帝妃一行人浩浩荡荡前去泡温泉，正是晚凉天气，官道上很是荒凉，两边的农田里也看不见几个农夫，却有不少农妇勉强劳作，力气又小，庄稼根也不深，长得也不好。农妇不种地行不行？不行。自家肚皮填不填不要紧，税赋是要缴的。朝廷连年用兵，兵员损耗，就需要征丁。壮丁越来越少，只好扩大征丁的年龄范围，岁数过大的也要，岁数过小的也要。战斗力？不存在的。没人种地，收成越来越差，粮价越来越高。皇帝、妃嫔的花销和供奉，官员们的俸禄，大官大贪污，小官小贪污。于是有的人家酒池肉林，夜夜笙歌，有的人家挨冻受饿。玄宗带着爱妃和一干宠信的朝臣亲贵享受生活去了，留在长安主持大局的是右相李林甫。

王维如今官场浸染多年，已经步态从容。李白已经又回了他安在东鲁的家，因为失意再加上路途风霜，大病一场，半年才好。好了之后又到处游历。杜甫则滞留长安，寻找机会。他初到长安就听说了李白等人的事迹，因为民间口口相传、津津乐道的传闻，写成了《饮中八仙歌》。

但是，坊间传说的热门人物中，没有王维这个人。他在长安城，一点都不出挑，或者说，他一点都不想出挑。除了一日看遍长安花的状元及第之时风光过一次，猛烈受挫，习佛经年，又北上南下地出长差，见到了许多东西，也对官场心知肚明，所以他行事作风极其低调安静。他不拼命喝酒，也不当街跃马扬鞭。他不拉帮结派，也不加入谁的帮派，成了谁的腹心。他把人间看成虚妄，他在这片虚妄里安静地看着这个世界，几乎是以一个旁观者的身份。他明明很有才华，却心甘情愿把自己隐了形。因为觉得人间不值得。他之所以躲到山间水间云间花间，就是想要一种孤独的清澈感。世间万籁俱寂里，有一个自己。

想想都让人激动

戏题盘石

可怜盘石临泉水，复有垂杨拂酒杯。

若道春风不解意，何因吹送落花来。

一盘石头临着清清的泉水，又有垂柳轻拂着酒杯。若是人说春风不懂人的心意，又为什么会吹送落花到人的眼前来。

这首诗写得又清浅，又柔情，又婉转，就像他的心境一样。有什么样的心思，就看得见什么样的世界。就像李林甫看见的是鬼影幢幢，王维看到的是山水有情，春风有情。这情又不浓烈，让人很是惬意，是他一个人的小确幸。

第一次到长安的杜甫赶上了过除夕。他过得可热闹了。他跑到街上去，听着爆竹噼里啪啦，看着人群熙熙攘攘。他喝了几杯酒，和一群人赌了一回钱，熏陶陶回寓所，写下一首《今夕行》：

今夕何夕岁云徂，更长烛明不可孤。

咸阳客舍一事无，相与博塞为欢娱。

冯陵大叫呼五白，袒跣不肯成枭卢。

英雄有时亦如此，邂逅岂即非良图。

君莫笑，刘毅从来布衣愿，家无儋石输百万。

    外面一派闹热，他和妻子两相分隔。不过他这一夜玩得也够疯的，大呼小叫的。输了钱猴急，衣裳都顾不着穿好，脚上鞋也没有好好地穿着，就那么来了一注大的，结果，唉，又输了！但是对于王维来说，已经可以很平静很程式化地过这个年了。丧妻丧子之痛已经成为暗暗的隐伤，如今轻易不浮在面上。他按照规矩给长官送礼拜年，又按照规矩接受一些下属的不那么值钱的敬奉——毕竟只是一个品级不高的官职，也没有多大的油水。他也没有指望着发多大的财。他的心思也不在这些。

    这个时候杜甫的父亲已经在奉节县令任上去世了，家庭的经济情况一落千丈。杜甫开始了他在长安的困顿之中求生存的漫漫长路。他到处投刺，"朝扣富儿门，暮随肥马尘"。又卖草药赚铜板。杜甫和王维之间，想来是没什么交集的。一方面，王维的门第不足以使杜甫想办法攀交以解困境。另一方面，长安城内，泱泱人众，王维半官半隐，一心学佛，也并不怎么关注还有一个叫杜甫的小年轻到处投门问路不成。就算关注到，估计他也不大会上心。世上人心孤独，并不是说大家都是诗人，就能够相通。更何况，在杜甫生活的时代，他写的诗，也并不被承认，被人说好呢。谁也不怪，只是无缘。

    不过，王维的大名，杜甫是一定听说过的。但是凡事他都爱用记流水账的形式写成诗，却在长安的时候，并没有写下有关王维的诗篇。后来，大约是杜甫流落寓居夔州的时候，写过一组题为《解闷》的诗，其中的第八首，是这样写的：

不见高人王右丞，蓝田丘壑漫寒藤。
最传秀句寰区满，未绝风流相国能。

他是知道王维的蓝田别墅的，也知道王维写的诗秀雅，知道这是一个风流才子。但是，他想起王维的时候，却只是"解闷"。他对他的朋友们，都是伤、哭、悼的。

当然，对于低调而且也不爱记日记，虽然诗写得好，但也不大爱动笔的王维来说，杜甫根本就没有在他的笔下出现。

说到底就是谁过谁的日子而已，互不搭理或者无缘相见，都不是罪。

想想看，大唐的蓝天白云之下，长安城外，有李白行走；长安城内，有杜甫奔波；蓝田别墅，有王维参禅。此外又有高适，又有岑参，有好多好多我们后世人只能在书本上看到的名字，被一些人顶在头上走来走去，那是什么样的景象。

想想都让人激动。

唯有别离多

送元二使安西

渭城朝雨浥轻尘，客舍青青柳色新。

劝君更尽一杯酒，西出阳关无故人。

王维并不孤僻，他有自己的朋友圈。他送一个姓元行二的朋友远赴安西都护府。他从长安一路送到了渭城客舍，然后在这里喝了一点小酒，作了四句小诗。

此时渭城早晨下了一点小雨，把黄土路上的扬尘都给打了下来，天地为之一清。正是春天，柳树发芽，柳叶青青，也被小雨洗得发亮，像是新长出来的一样。送君千里，终须一别，王维笑着对朋友说，元二啊，咱们再喝一杯酒吧。此去山远水远，可没有老朋友陪你喝酒了啊。

很通俗，很明白如话。但是，却一路流传到了现在的语文课本上。后人还把它谱曲，名为"阳关三叠"，又名"渭城曲"。

明白如话，不是说空口说出来的白话就能成诗。就像书是用一沓纸砌起来的，但是一沓纸被砌起来，未必是书。这首诗戳中的，是人类最普遍的一种情绪：离愁。情人别离，是碧云天，黄花地，西风紧，北雁南飞。晓来谁染霜林醉？总是离人泪。夫妻之间的别离，是"君问归期未有期，巴山夜雨涨秋池。何当共剪西窗烛，却话巴山夜雨时"。朋友之间的别离，清一些，淡一些，但是，仍旧被时空隔开，会思念，会惜别。别离本就是相隔天涯、彼此想念的这么一回事。而且多少恋人、爱人、情人、朋友，因了诸多原因，转身离去，这一转身之后，再没有昔日的温馨和激情，再没有以往的欢笑和泪水，或许从此之后再不相见，或是见面之后形同路人，顶多客客气气寒暄几句。这实在是让人不好接受的一种事实。

元代的一个无名氏作了一首《塞鸿秋》：

东边路、西边路、南边路。
五里铺、七里铺、十里铺。
行一步、盼一步、懒一步。
霎时间天也暮、日也暮、云也暮。
斜阳满地铺，回首生烟雾。
兀的不山无数、水无数、情无数。

如果王维也写得像这样，那他就不是王维了，他也就枉修佛了。佛不是断情绝爱，但是更不是让人浸泡在人间的苦海，无法抽离。一个在人间半隐半仕、半佛半俗的人，对于人世也是若即若离。他轻笑着，劝朋友喝了最后一杯酒，送朋友远去。

做完了不太繁重的公务，王维一有空就去他的辋川别墅。

他对于仕途没什么野心了，还不如多陪陪在别墅里养老的老母亲。至于弟弟王缙，倒比他混得好、吃得开。那么，就让弟弟在外边争上游吧，母亲身体越来越不好了，多陪陪母亲比什么都好。王维年逾四十，除了母亲和兄弟，几乎没有别的更深的牵绊。别人回到家里，有妻有子，热热闹闹。他的家里始终冷冷清清。案上有书，砚边有笔，墙上有画，手下写字作诗。这就是他的生活。有时略觉寂寞，就会出去走走看看，山边水边，花树游鱼。到了夜来，一个人安睡就寝，睡不着的时候，念念经。

李白寂寞的时候舞剑，喝酒："我歌月徘徊，我舞影零乱"；苏轼寂寞的时候，拉上好朋友一起去月下散步："元丰六年十月十二日夜，解衣欲睡，月色入户，欣然起行。念无与为乐者，遂至承天寺寻张怀民。怀民亦未寝，相与步于中庭。庭下如积水空明，水中藻荇交横，盖竹柏影也。何夜无月？何处无竹柏？但少闲人如吾两人者耳。"

王维寂寞的时候，多是一个人。当然，有的时候，也是有人陪的。比如裴迪。但是裴迪到底是离开他，去了山外的世界。山外世界繁华，裴迪也许有时候想起他，有时候想不起他。他却时时想起裴迪。

端拱能任贤，弥彰圣君圣

奉和圣制登降圣观与宰臣等同望应制

凤宸朝碧落，龙图耀金镜。

维岳降二臣，戴天临万姓。

山川八校满，井邑三农竟。

比屋皆可封，谁家不相庆。

林疏远村出，野旷寒山静。

帝城云里深，渭水天边映。

佳气含风景，颂声溢歌咏。

端拱能任贤，弥彰圣君圣。

皇上的屏风正对着碧空，龙旗闪耀在明亮的铜镜。山岳降下如同黄帝时的风伯和力牧的两个宰相，他们头顶蓝天，下临万姓。山川中的将校个个都满意，城里乡里的农民也都欢欣。鳞次栉比的屋舍都可以平平安安，有谁家不额手称庆。林木萧疏，远远的山村也能得窥真容，原野旷达，寒山一派寂静。京城里云气幽深，渭水与天边相映。瑞气千条里有着无数美丽风景，诗歌中洋溢着颂扬声声。圣上君临天下能够选贤任能，这样更昭显我朝圣君之圣。

天宝七载（748年），王维四十八岁，迁库部郎中，官职从五品上。他的日子波澜不惊，偶尔写写应制诗，就是皇上有了什么举动或者举措，他写诗颂颂圣。比如《奉和圣制登降圣观与宰臣等同望应制》就是这样的。说实话，乏善可陈。

天宝八载（749年），咸宁太守赵奉璋状告李林甫，罪二十余条，结果他的上书未达天听，却被李林甫知道了，直接逮起来杖杀。这一年，王忠嗣暴死。王维还是当他的库部郎中，和官员酬唱。官员死了，他也会作诗吊挽，比如《故太子太师徐公挽歌》。乏善可陈。

天宝九载（750年），玄宗和杨贵妃小两口闹别扭了。贵妃不听话，被玄宗送回娘家，不要她了。可是转眼玄宗又后悔了，又派人给她送御膳。贵妃哭得梨花带雨："妾原本罪该当死，幸而陛下不杀我，只是把我送回来。如今我已经和皇上永别，金玉珍玩都是陛下赐给我的，不是我自己的，献给陛下不恭敬。只有我的头发，是父母给予的，是我自己的，我用它来代表我的诚心。"于是就剪了一绺乌油油的头发给了玄宗。玄宗一看，心头一颤，立马派高力士去把玉环妹妹召回来，恩宠愈深。果然是小闹怡情。这一年，关中大旱成灾，百姓饥馑。但是，那有什么要紧。

这一年，安禄山被封为东平郡王。从此，大唐的节度使开启了封王之路。杨国忠在这年以前，其实一直都叫杨钊。从这一年开始，玄宗赐名国忠，于是，堂堂国相杨国忠就登上了大唐的历史。这一年，鲜于仲通当上了剑南节度使。鲜于仲通是谁？是对杨国忠有恩的人。杨国忠三十岁在四川从军，任期满后，无钱回家，鲜于仲通是当地富户，接济了他。杨国忠势焰熏天，鲜于仲通就成了剑南节度使，手握四川军政大权。他特别会做人，把地皮刮三层，金银珠宝一车一车往杨国忠家里运。

就在这一年，南诏王阁罗凤携妻前往成都谒见鲜于仲通。结果在途经姚安的时候，云南郡太守张虔陀见阁罗凤妻子貌美，调戏人家，却被南诏王妃打了一顿。张虔陀恼羞成怒，兵围南诏王，声称王妃无故打伤太守，要黄金万两赔罪。阁罗凤说要回去取黄金，脱身回了南诏。第二年就发兵五万，一举攻陷姚安，杀死张虔陀，占领云南郡辖地三十二处。唐朝与南诏战事打响了。这时候，鲜于仲通出马了。他率八万精兵杀入南诏境内，逼得南诏节节败退，阁罗凤遣使求和，鲜于仲通一口回绝，南诏背水一战。鲜于仲通不肯稳扎稳打，分兵想要前后夹击，将敌人予以全歼。南诏向吐蕃求援，合军从两线发动袭击，将唐军拦腰斩断，六万唐军被杀。结果始作俑者有杨国忠的庇护，一点儿事都没有，只是平调当了京兆尹。

此时的杜甫在长安也无衣无饭。他报国无门，谋生无望。没事的时候挖挖草药摆摆摊，赚两个铜板，活得好艰难。他有时在长安城里城外走走看看，看到了杨家权势熏天，看到了抓壮丁时，大人哭孩子叫，黄尘滚滚的辛酸场面：车辚辚，马萧萧，行人弓箭各在腰。爷娘妻子走相送，尘埃不见咸阳桥。牵衣顿足拦道哭，哭声直上干云霄。……

漠漠水田飞白鹭，阴阴夏木啭黄鹂

积雨辋川庄作

积雨空林烟火迟，蒸藜炊黍饷东菑。

漠漠水田飞白鹭，阴阴夏木啭黄鹂。

山中习静观朝槿，松下清斋折露葵。

野老与人争席罢，海鸥何事更相疑。

空林积雨，柴火都不好点燃。午饭做好，赶紧送到地头田间。漠漠的水田飞起白鹭，阴阴的夏树传来鸟鸣婉转。我在山中习练静气，早起看花；又已经在松下常吃素食，采摘露葵佐餐。我这个乡村野老已经息了与人争席之心，海鸥啊，你不要对我再起疑心。

天宝九载（750 年）的时候，王维已经五十岁了。五十知天命，其实他早就知道天命了。这一年二月底或者三月初，王维的母亲崔氏病逝。她和丈夫都是信佛的人，丈夫早早死去，丢下几个孩子。她带着他们辗转，吃辛吃苦才把他们养大成人。所幸孩子们都是懂事的，她后来的日子就过得不那么辛苦。虽说大儿子早早地丧妻丧子，她伤心难过，说到底已经不算是切肤之痛。佛经教义早就告诉她聚散成空的道理。自从佛教传入中国，女子信佛的就有许多。佛家有今生来世的说法，今生多苦，念念经就能够修修来世。也许来世就可以饮食丰足，衣履鲜明，夫妻相得，儿孙满屋。实在是今生多苦，却没有踏难灭苦的路，所以不得不给自己一个来世的希望。可是就算转生来世，又能怎样，又记不得今生的事，是以一个纯然新鲜的个体，经历尘世的生老病死，求不得，怨憎会，爱别离。但是人总归是要有希望才能支撑自己活下去不是。现在，崔氏的命走到了尽头，她长长地呼出一口气，闭上了眼睛。《旧唐书·王维传》云："居母丧，柴毁骨立，殆不胜丧……"他甚至连丧礼仪式都要坚持不下去了。

母亲去世，就葬在辋川。王维丁忧也在这里。《旧唐书·王维传》记载："维兄弟俱奉佛，居常蔬食，不茹荤血，晚年长斋，不衣文彩。"王维兄弟都信佛，吃素，穿朴素的衣裳。如果说王缙对于官场还有意难平之处，王维则是彻底息了鸢飞戾天的心。既不想出人头地，越爬越高，又不想锦衣玉食，高马轩车，那么他的得到愉悦和满足之处，就只有自然和精神了。专注俗世功名利禄的人，和自然天然的属性犯冲，登山不是登山，渡水不是渡水，吃饭不是吃饭，交友不是交友。不再一心外求、两只眼睛专注向内的人，才会注意到眼前的一草一木，一花一树，一水一山，一蔬一饭。王维的这首诗，写得可真是，禅性具足。

王维的诗和隐也只是目前来说他生命存在的一种比较合适的方式，无所谓得，也无所谓失。他只是用他的笔记录一段隐微的心程历史，或某个瞬间的照影惊鸿。

有人说他软弱，逃避现实。可是，总比软弱而无耻好，也总比刚强而无智好。他只是活得清醒，活得退避，因为知道自己一身挡不住大厦倾颓，没办法只好闭目塞听。如此而已。这种软弱不是罪。

他于隐居之所听水清鱼读月，看花静鸟谈天。碧溪清冽，烹茶煮粥都是好。闷来读书，就像明人张岱所言："高槐深竹，樾暗千层，坐对兰荡，一泓漾之，水木明瑟，鱼鸟藻荇，类若乘空。余读书其中，扑面临头，受用一绿，幽窗开卷，字俱碧鲜。"

说什么"且到终南山下，燃一缕炊烟，开两亩薄田，垦三畦菜蔬，植四棵杨柳，种五株海棠，栽六丛湘竹，垒七星茶灶，摆八仙木桌，作九曲神谱，弹十面埋伏"。

王维在他的世界里，观漠漠水田飞白鹭，听阴阴夏木啭黄鹂。

第十一章

衰孤生也

不辨仙源何处寻

桃源行

渔舟逐水爱山春，两岸桃花夹古津。

坐看红树不知远，行尽青溪不见人。

山口潜行始隈隩，山开旷望旋平陆。

遥看一处攒云树，近入千家散花竹。

樵客初传汉姓名，居人未改秦衣服。

居人共住武陵源，还从物外起田园。

月明松下房栊静，日出云中鸡犬喧。

惊闻俗客争来集，竞引还家问都邑。

平明闾巷扫花开，薄暮渔樵乘水入。

初因避地去人间，及至成仙遂不还。

峡里谁知有人事，世中遥望空云山。

不疑灵境难闻见，尘心未尽思乡县。

出洞无论隔山水，辞家终拟长游衍。

自谓经过旧不迷，安知峰壑今来变。

当时只记入山深，青溪几度到云林。

春来遍是桃花水，不辨仙源何处寻。

这是王维十九岁时的诗，内容不难理解，就是脱胎于陶渊明的《桃花源记》，句句清新洒脱，如同乱珠溅玉。那个时候他写得笔触轻快，到王维在官场浸染几十载，就很难再写得出来。但是，在他的心里，那个桃花源的梦，一直在。

王维是一个有洁癖的人。周勋初主编《唐人轶事汇编·卷十三》引《云仙杂记》记载："王维居辋川，宅宇既广，山林亦远，而性好温洁，地不容浮尘。有十数扫饰者，使两童专掌缚帚，而有时不给。"他无妻无子，一无挂念，平时茹素，穿粗布衣衫。他不像杜甫，杜甫是"安得广厦千万间，大庇天下寒士俱欢颜"的儒家思想，甚至比儒家的"达则兼济天下，穷则独善其身"更伟大。王维则是既不求闻达，达也没想着兼济天下。他只想着能够独善其身。虽然消极了些，但一不祸国殃民，二不杀生害命，他只是过他想要的清洁安静的日子。所以，仆人们为他勤勤恳恳打扫卫生，他则或林中静坐，或抚琴画画，或对友清谈，或参禅诵经。如果用一个词概括，李白的一生是狂放，王维的一生是虚静，杜甫的一生是凄苦。

天宝九载（750年），一个叫王玄翼的道士对玄宗说，他见到了黄帝，也见到了老子，而且在宝仙洞里发现一本秘籍，叫《庙宝真符》。玄宗一听，赶紧派人去找，还真找到了——这中间可人为操作的地方可多了。可是玄宗信了。天宝十载（751年）的正月初八、初九、初十，长安南郊，玄宗三大祭：祭天地、祭祖宗、祭老子。杜甫的机会来了。他献上三大赋。玄宗看了奇之，命其待制集贤院。这一下，大家都知道杜甫的诗文好，纷纷围着他看。这是他一生的高光时刻。转过年来，天宝十载（751年），他到中书堂应试，李林甫出题，集贤院的学士们监考。这次考试，他获得一个"参列选序"的资格。就是说，政府已经把你记录在案，哪儿的官员有缺的，你就去补。缺口少，官员多。粥少，僧多。什么时候才能赴任，入职，挣工资？等着吧。于是杜甫继续贫病交加：

翻手为云覆手雨，纷纷轻薄何须数。
君不见管鲍贫时交，此道今人弃如土。

天宝十一载（752年），南诏寇边，剑南告急。就是那个好色的张虔陀惹的祸。李林甫是凭自己本事爬上这么高的位置的，对于靠裙带关系坐火箭直升的杨国忠特别看不上，所以他就想把杨国忠挤出朝廷，就奏请玄宗，建议让杨国忠到剑南赴任。杨国忠一听吓得要死："臣一旦离朝，必为李林甫所害。"唐玄宗说别怕啊，你先到剑南去一阵儿，朕很快就会召你回来，让你当宰相。李林甫手眼通天，皇上说什么话他哪有不知道的？这一下子简直是给他后心捅了一刀。结果把自己气病了。

嗟予未丧，哀此孤生

酬诸公见过（时官未出，在辋川庄）

嗟予未丧，哀此孤生。

屏居蓝田，薄地躬耕。

岁晏输税，以奉粢盛。

晨往东皋，草露未晞。

暮看烟火，负担来归。

我闻有客，足扫荆扉。

箪食伊何，礨瓜抓枣。

仰厕群贤，皤然一老。

愧无莞簟，班荆席藁。

泛泛登陂，折彼荷花。

静观素鲔，俯映白沙。

山鸟群飞，日隐轻霞。

登车上马，倏忽云散。

雀噪荒村，鸡鸣空馆。

还复幽独，重欷累叹。

唉，我怎么就没死呢？真是悲哀我这条孤独的性命。屏却世事，避居蓝田，瘠薄土地，亲自耕种。年岁已尽，就要交税，用以祭祀，供奉朝廷。早晨起身往东皋而去，草叶上的露水尚未消失。晚上看见炊烟升起，担着柴火把家回。我听说有客人到来，打开我的柴扉。用什么招待客人呢？切开瓜，抓把枣。我敬仰前来的群贤，我却是头发都已经白了的一介野老。惭愧我竟然没有蒲席和竹席，只好地上铺荆，以稿荐为坐席。一起坐船登上高陂，从那里折来了荷花。静静地观看水里素鲔游动，低下头，可以看到日光映着白沙。一群山鸟飞过，太阳落山，隐入红霞。大家登车的登车，上马的上马，跟我告别，如云而散。只剩下鸟雀啼鸣在荒村，鸡叫在我的空馆。我又成了独自一个人了，禁不住连连哀叹。

这是王维丁忧的时候，朋友来看他时，他写的诗。

就在李林甫病得卧床不起的时候，杨国忠刚到剑南，就被唐玄宗召回来了。李林甫更气了。这家伙要不是气性这么大，器量这么窄，何至于为了给自己清障，害死那么多人。但是如今枭雄末路，他知道自己不行了。杨国忠在他的床前拜倒，他哭了："我很快就要死了，你一定会继任宰相，我的后事就托付给你了。"杨国忠吓得汗流满面，连称不敢。——不光杨国忠怕他，安禄山这个在朝里横着走的人，谁也不怕，单单怕他。这年的十一月，李林甫病逝。不久，杨国忠拜相。国事更糟了。《资治通鉴》载，杨国忠接任右相后，"欲收人望，建议'文部选人，无问贤不肖，选深者留之，依资据阙注官'。滞淹者翕然称之。国忠凡所施置，皆曲徇人所欲，故颇得众誉"。就是选官的时候，不问能不能干，单管论资排辈。谁等得时间长，谁就先得官。替他推行这一政策拼命宣传造势的，就是刚调到长安任京兆尹的鲜于仲通。

边事也更糟了。天宝十载（751年）四月，高仙芝率军从安西出发，长途跋涉三个月，开始围攻怛罗斯城（今哈萨克斯坦的江布尔城附近）。打了五天仗，唐军就溃败了。高仙芝单骑逃脱，两万唐军几乎全军覆没。天宝十载（751年）至十一载（752年），唐王朝出兵南诏，也就是现在云南的西北部，大败，六万将士阵亡。兵部侍郎杨国忠隐瞒战败真相，领功受赏。天宝十一载（752年）秋，安禄山率兵讨伐契丹，大败而归。战后，安禄山却谎称出征大捷，唐玄宗深信不疑，把安禄山邀进京来，要看看这个亲爱的干儿子，以叙家人之礼。

这时候，王维离了朝堂丁忧，为期三年。也就是说，为母亲守孝三年。弟弟王缙也一样。王维不想依附谁，不想攀交谁，又不想激愤招祸，唯留一途，就是淡泊明志。他有意识地拉开了自己和现实之间的距离。好比现实是水，杜甫是鱼；而对于王维来说，现实是水，王维是水岸边的亭台。

每个人都有每个人的生活方式，有的人会为了不美好的现实捶胸顿足，撕心裂肺，泥足深陷，拔不起来；有的人也会因为不美好的现实而抽身后退，转过身去，不想看，不想听。这顶多算是逃避，不能算是反动。因为他没有趁着这样的国势钻研向前，也没有趁着这样的国势祸害百姓。虽然都是写诗，杜甫的诗如果是刺向现实的利剑和匕首，王维的诗不过是削竹的匕，给自己搭起一份清风明月。

从这首诗看，王维并没有达到修禅的圆融境界。《华严经》

中有奇妙的帝释天之网，说的是天神帝释天宫殿装饰的珠网上，缀联着无数宝珠。每颗宝珠都映现出其他珠影，并映现出其他宝珠内所含摄的无数珠影。就这样珠珠相含，影影相摄，重叠不尽，法界无穷。圆融是华严的至境，也是禅的至境。人活到了圆融境，就不会有这样的幽独累叹。但是，说着容易，摊着这样的世事，几人能圆融？只要是我手写我心，写得字字真，就行。所以谭元春在《唐诗归》中评价此诗说："四言诗字字欲学三百篇，便远胜于三百篇矣，右丞以自己性情留之，味长而气永。"

妄想能够洁身自好

山　中
荆溪白石出，天寒红叶稀。
山路元无雨，空翠湿人衣。

这首五言绝句描绘的是山中景色，小溪中满是白石，红叶虽因天寒叶落而变得稀疏，枝头几片却愈发红亮鲜艳。山路虽是不曾下雨，但是空气潮湿，洗濯得叶片翠绿，也打湿了行人身上衣。

如果画成一幅小画，则画中有着白石磷磷的小溪，有着鲜艳的红叶，还有着无边的浓翠，这幅山中景致，虽是空静，却不枯寂。

王维是用修禅的眼光看着周围的景致，不劳说禅，眼前的一切动与静、光与暗、形与影，就是一句不可说，说了便是错的禅。

朋友会给他带来朝中的新消息，所以王维是知道杨国忠一家有多霸道的。比如天宝十载（751年）正月望夜，杨国忠和杨氏姐妹带着奴仆夜游。恰好广宁公主也带着骑从夜游。两队人马争过西市门，杨家的奴仆挥鞭的时候，卷到了公主的衣服，公主堕马。这个时候，驸马程昌裔赶紧前去搀扶公主，因此也被打了数鞭。广宁公主回宫向父亲唐玄宗哭诉，唐玄宗下令杀杨家奴仆，驸马程昌裔也被停了官。明皇对玉环疼到骨子里了，对玉环一家子上上下下也都惯到骨子里了。虢国夫人大造府第住宅，在周围的权贵宅院中独树一帜，自高自大。其实她新修造的府第原是韦家的旧宅。韦家的人中午正在屋里躺着休息，虢国夫人穿罗着缎，下了步辇，漫步而来。身旁几十个侍女丫鬟拥着，谈笑自若。她对韦家的几个儿子说："听说这所宅院要卖，售价多少？"韦家人下了台阶，以示敬意，说："这宅院是先人留给我们的老屋，我们舍不得卖。"话没说完，已经有几百个工人一拥而入，猴子一样登上东西厢房，二话不说就掀瓦撤木。韦家全家人和童仆只好拿着琴、书等放在路上。最后，虢国夫人只留下十几亩的一小块地方给韦家，他家的宅院她要了，一分钱也没给。虢国夫人新宅的中堂建好后，召来工匠粉刷墙壁。在给工人的二百万工钱之外，又赏赐了三斗金盏盛的碧色宝石。后来，有一次刮暴风，一株大树被拔起，砸在堂上。结果房顶上的瓦基本不坏，原来房上覆盖的是精制的木瓦。虢国夫人每次进宫，经常骑着一匹紫骢宝马，让小太监为她牵马。紫骢宝马高大健美，小太监端庄秀丽，她温婉绮丽，真是相映生辉。

到了天宝十载（751 年）十一月，杨国忠当上右相兼吏部尚书。杨国忠上奏玄宗，请求在西京长安、东京洛阳选人授官。铨选那天，就决定这些人是留在朝中任官，还是外放地方。那天，不论年龄大小，这些选人都在杨国忠的私人宅邸里注册登记。虢国夫人姊妹就在屋里放下帘子看这些人。看见有老的、丑的、病的，就笑话他们。按照流程来说，兵部、吏部注册完毕，要呈送给门下省。要在门下省的侍中、给事中这些长官这里考核一番，考核认为不合格，退回，叫退量。杨国忠注官的时候，把左丞相陈希烈叫过来，坐在角落里，给事中出了行列到前边说："既然已经授职任官，就是已经经过门下省了。"陈希烈能怎么办？只好尴尬而不失礼貌地微笑了。因为杨国忠大权在握，选人阿谀奉承他，给他在尚书省南边立碑。杨国忠主管吏部三铨，一个人顾不过来，就把这用人大事都委派典史和令史、孔目官等小吏来做，杨国忠只是签字画押，还不会都签。这样乌七八糟的现状，王维自认改变不了。现实太乌龙，人间不值得。

那样的时代，那样的现状。大鱼吃小鱼，落到百姓头上，小鱼也变成大鱼，百姓们变成小鱼，排着队被吃。说不出的血腥难看，内里一个个穷凶极恶，表面上一个个道貌岸然。端起架子就是贵族，吃起人来恶如猛虎。

王维硬生生把这些黑暗的元素从自己的心里驱离了。他抽身站在污泥浊坑之外，妄想着能够洁身自好。

宿世谬词客，前身应画师

偶然作·其六

老来懒赋诗，惟有老相随。

宿世谬词客，前身应画师。

不能舍余习，偶被世人知。

名字本皆是，此心还不知。

我老了，都懒得再赋诗。如今算来，一切都如浮云，轻易失去，只有一个"老"字把我紧紧跟随。我这一辈子一辈子的，都是误被人称为诗人，其实我的前身应该是一个画师。积习做不到全部舍弃干净，偶尔泄露一丝，就被世人所知。我的名和字都阐明着禅理，只是我这颗心却还没有彻底变得智慧。

——王维自己也自认前身应画师。对于他来说，画画也许比作诗还更有兴趣些。如今，他的画也愈发地出尘了。他作诗，成就"诗佛之名"，他作画，也作成了文人画的"一代宗师"。他晚年有三幅最重要山水画：

《江干雪霁图》，没有浓墨重彩，山石线条轻松，一切从简，如同他自己的吃粗饭、穿布衫。

《雪溪图》枝干映雪，处处空明，被称为"四空"：人"空"，山"空"，水"空"，天"空"。其实最主要的是心空，如他自己所说："我心素已闲，清川澹如此。"于是白茫茫大雪真干净。

他的《辋川图》难得的雍容端庄，却仍旧是一副恬淡自得的模样。

他专门作过一篇长长的《山水论》，讲述画法心得：

> 凡画山水，意在笔先。丈山尺树，寸马分人。远人无目，远树无枝。远山无石，隐隐如眉；远水无波，高与云齐。此是诀也。

> 山腰云塞，石壁泉塞，楼台树塞，道路人塞。石看三面，路看两头，树看顶头，水看风脚。此是法也。

> 凡画山水，平夷顶尖者巅。峭峻相连者岭。有穴者岫。悬石者岩。形圆者峦。路通者川。两山夹道者名为壑也，两山夹水名为涧也，似岭而高者名为陵也，极目而平者名为坂也。依此者粗知之仿佛也。

> 观者先看气象，后辨清浊。定宾主之朝揖，列群峰之威仪，多则乱，少则慢，不多不少，要分远近。远山不得连近山，远水不得连近水。山腰掩抱，寺舍可安；断岸坂堤，小桥小置。有路处则林木，岸绝处则古渡，水断处则烟树，水阔处则征帆，林密处居舍。临岩古木，根断而缠藤；临流石岸，欹奇而水痕。

> 凡画林木，远者疏平，近者高密，有叶者枝嫩柔，

无叶者枝硬劲。松皮如鳞，柏皮缠身。生土上者根长而茎直，生石上者拳曲而伶仃。古木节多而半死，寒林扶疏而萧森。

有两不分天地，不辨东西。有风无雨，只看树枝。有雨无风，树头低压，行人伞笠，渔父蓑衣。雨霁则云收天碧，薄雾霏微，山添翠润，日近斜晖。

早景则千山欲晓，雾霭微微，朦胧残月，气色昏迷。晚景则山衔红日，帆卷江渚，路行人急，半掩柴扉。

春景则雾锁烟笼，长烟引素，水如蓝染，山色渐清。夏景则古木蔽天，绿水无波，穿云瀑布，近水幽亭。秋景则天如水色，簇簇幽林，雁鸿秋水，芦岛沙汀。冬景则借地为雪，樵者负薪，渔舟倚岸，水浅沙平。凡画山水，须按四时。或曰烟笼雾锁，或曰楚岫云归，或曰秋天晓霁，或曰古冢断碑，或曰洞庭春色，或曰路荒人迷。如此之类，谓之画题。

山头不得一样，树头不得一般。山籍树而为衣，树籍山而为骨。树不可繁，要见山之秀丽；山不可乱，须显山之精神。能如此者，可谓名手之画山水也。

这样的心得，心又静，手又稳，才能写得出这样的诗，画得出这样的画。所以苏轼才会赞他"味摩诘之诗，诗中有画；观摩诘之画，画中有诗"。于是到了后世，他被尊为"南宗画"的始祖，"文人画"的开山祖师。

苏轼在《王维吴道子画》中写："吴生虽妙绝，犹以画工论。摩诘得之于象外，有如仙翮谢笼樊，吾观二子皆神俊，又于维也敛衽无间言。"

王士禛在他的《池北偶谈》中说："世谓王右丞画雪中芭蕉，其诗亦然，如'九江枫树几回青，一片扬州五湖白'。下连用兰陵镇、富春郭、石头城诸地名，皆寥远不相属。大抵古人诗画，只取兴会神到，若刻舟缘木求之，失其旨矣。"

艺术门类本就相通，相通的门却是窄的。会画者未必会诗，会诗者未必会书，会书者未必会画。王维会诗、会书、会画。他的心像细细的羊毫笔，挼墨蘸世情，探毫作诗书，才气用不完，泼进山水里，直泼得水架寒桥，雪裹寒枝，中有寥落二三人影，你我揖让对礼，说着些天寒好个冬的话，过着些如清水淡墨的日子。

轻阴阁小雨，深院昼慵开

书　事

轻阴阁小雨，深院昼慵开。

坐看苍苔色，欲上人衣来。

一场小雨蒙蒙地下起来，小院深深，白天也关着门，因为无人至，所以懒得开。正因为少有人来，所以他一个人坐在屋里，看着青苔颜色渐深，延伸愈远，竟然渐渐地，有爬到屋里，甚至爬到人衣上的感觉。

这样的情境，若是乍从喧闹中来，则是清净可喜，令人流连忘返的。若是一直这样待着，可就真称得上寂寞了。

所谓"道德三皇五帝，功名夏后商周。七雄五霸闹春秋，秦汉兴亡过手。青史几行名姓，北邙无数荒丘。前人田地后人收，说甚龙争虎斗"。所以他不想龙争虎斗，他只想岁月悠悠。

问题是，这颗和整个世界好像失去联系一样的心，实在是，太寂寞了。寂寞得自己好像也在了暮春的一场湿湿的春雨，勾引得青苔染衣。若是落实到画上，小雨斜飞而深院悄静，帘卷西窗而一人白衣当窗而坐，望着外面的雨丝。不起眼的墙角阶砌处，有青苔悄然漫上。好寂寞。

张协的《杂诗》写：

青苔依空墙，蜘蛛网四屋。

感物多所怀，沉忧结心曲。

他又忧的是什么，结了什么心曲呢？

又有杜牧的《题扬州禅智寺》：

雨过一蝉噪，飘萧松桂秋。

青苔满阶砌，白鸟故迟留。

很多。写青苔的诗有很多。青苔是很软和的东西。潮湿的、暗软的、不能生长在阳光下的。以前老屋多、老井多、老墙多、湿地多，家里家外大水缸多，房顶上屋瓦多，下了雨，水坑也多。这些地方，青苔就多。苔藓唯有在阴湿之地，方能长得繁荣，给土木砖石都裹上一层绿绿的苔衣，看上去既美又阴阴地湿。每个人心里都长着暗暗的苔藓，都是一片潮湿的泽国。若是请画家把他们一个个的心思着笔墨画出来，没有一个是阳光普照的明快色调。但是大家都羞于对人说什么，仍旧会做出好好活的样子，工作照旧在做，饭照旧在吃，觉照旧在睡，可是睡梦里却落入最真实的状态：阴暗、晦涩、湿冷、柔软，像情绪的湿地生长了一大片一大片的苔藓……

王维也不总是享受这样清幽雅静的生活的。他也有雾蒙蒙、青茸茸、抑郁不开的时候。他也渴望和人类社会发生联结。可是当裴迪走了后，他觉得，这种联结少得简直要断掉了。真的，好寂寞。

天宝十一载（752年）春，王维丁忧结束，召回朝廷，就吏部郎中一职。三月二十八日吏部改为文部后，他继任文部郎中。就在这一年，李林甫病死了。他死得不甘心。他一辈子谨慎小心，睡觉都睁着一只眼。出门要带着一百多人保卫——没办法，他杀的人、冤的人太多，害怕。所以除了围随保护他的人之外，还要派人提前净街，不光是平民百姓，就是公卿大臣都要回避。他家里的地板都是石头砌的，他家的墙里头都夹着木头板子，因为他怕刺客打地道冒出来，破墙冒出来。他睡觉甚至都不敢一觉到天亮，要在这间屋子睡睡，那间屋子睡睡。他的家里人都不知道他哪天晚上到底会睡在哪里。所以他没死在仇家手里，却死在了他看不起的市井大流氓手里。太不甘心了，太憋屈了！同时他积威之下，哪怕病重不起，向杨国忠托付后事，告诉他："我很快就要死了，你一定会继任宰相，我的后事就托付给你了。"杨国忠都吓得汗流满面，连称不敢。

这年十一月，也就是李林甫刚死不久，杨国忠拜相。第二年就和同样惧怕李林甫的安禄山合谋，诬告李林甫和叛将阿布思结为父子，同谋造反。李林甫的女婿也出告首证。当时，李林甫还没下葬呢，就被削去官爵，抄没家产。儿子们被除名流放岭南、黔中，亲党中有五十余人被贬。玄宗命人把他的棺木劈开，挖出他口内含珠，剥下他的金紫朝服，改用小棺，葬之以庶人之礼。

至于杨国忠，他的儿子杨暄参加明经的科举，由礼部侍郎达奚珣考试他，不及格。达奚珣不敢直接跟杨国忠说他儿子落榜的事，就让自己的儿子达抚给杨国忠送一封信，信上说这事。达抚到了杨家宅邸前面，杨国忠正要上朝，达抚颠颠地跑过去，在烛光下下拜参谒，禀告说："奉我父亲的命令，宰相大人您的儿子没有考中。但是，又不敢宣布落第。"杨国忠直起身子大叫："我儿子还愁不富贵吗？在乎一个区区进士？为你们这群鼠辈出卖！"说完，头也不回，骑马走了。达抚吓得够呛，赶紧回去跟父亲说。达奚珣没有办法，只好把杨暄取在前几名。杨暄后来做到户部侍郎，达奚珣才由礼部侍郎转为吏部侍郎，和他同列。杨暄还在亲近的人跟前叹息呢，说自己升官太慢了，达奚珣升迁太快。

无人处寂寞，有人时污浊。一颗心不上不下，不起不落，就那么飘飘荡荡地悬浮着。所以说修心是难的，就像骆驼想要穿过针眼，就像蚂蚁想要翻越刀锋。

别离方异域，音信若为通

送秘书晁监还日本国

积水不可极，安知沧海东。

九州何处远，万里若乘空。

向国唯看日，归帆但信风。

鳌身映天黑，鱼眼射波红。

乡树扶桑外，主人孤岛中。

别离方异域，音信若为通。

大海辽阔，没有尽头，谁又能知道沧海以东什么情形。中华九州距离哪里是最远的？相隔万里好像是在天空。面对着你的国家只要看太阳升起，回国的风帆期待定期的信风。海中的鳌鱼巨大，把天都遮黑，鱼的眼睛照射大海的波涛，波涛都给照红。你的故乡的树木远在扶桑之国，你的家处于孤岛之中。分别之后天各一方，我们的音信可又怎么互通。

遣唐使晁衡，原名阿倍仲麻吕，日籍，于开元五年被选为遣唐留学生，到大唐后，入了国子监太学，学习礼记、周礼、礼仪、诗经、左传等经典。毕业后，他又参加科举，一举考中进士。——大唐学子落榜的都有那么多，他一个外国人，相当了不起了。开元十九年（731年）做了门下省左补阙。他和长安的官员名流交结得很好，和李白、王维都有交情。晁衡曾经送给李白一件日本裘。

天宝十二载（753年），他想要回自己的国家。他已在大唐待了二十多年。其实在开元二十年（733年），晁衡就因为双亲年迈，请求归国。玄宗皇帝挽留，他没有回去。这一次，是日本第十一次遣唐使去年到了长安。副使吉备真备是和他同时入唐留学的好友，二人久别重逢，不胜感慨，晁衡又动思归之念。于是，就在今年，遣唐使事毕将归，仲麻吕请求一同回去。他入唐三十七年，已经从一个意气风发的年轻人，长成了一个五十六岁的老人。几乎可以说，他伴着唐玄宗走过了青年和中年时代，如今一起步入老年。

玄宗感念他为大唐效力几十年，家有年迈高堂，这次允了，任命他为唐朝回聘日本使节——让一个日本人，给大唐担任出使日本的使节，听上去搞笑，但是实际上很郑重。他要离开长安的时候，职位已经做到了秘书监，并且兼任卫尉卿。同僚们都给他送行，王维也去了。他们都老了。想当初阿倍仲麻吕也是一个小年轻。阿倍仲麻吕比王维还大三岁。这一去基本上就相当于永诀了，难道还有机会再重新见面吗？

在大唐心脏长安，杜甫一困许多年。他始终等不来朝廷的任命，给那些权要献诗，也不断向皇上献赋，但是仍旧没有一点消息。他给来京中朝谒的哥舒翰献诗，也没用。他在长安待了八年，一步步地看着大唐逐渐衰败。

王维继续在朝堂上过日子。他性情温和，手腕不强硬，不拉帮结派，低调，会做人。一个会做人的人，当皇帝有所赏赐的时候，是一定会有所表示的。

敕赐百官樱桃（时为文部郎）

芙蓉阙下会千官，紫禁朱樱出上阑。
才自寝园春荐后，非关御苑鸟衔残。
归鞍竞带青丝笼，中使频倾赤玉盘。
饱食不须愁内热，大官还有蔗浆寒。

和他的别的诗相比，只能说是一般般。但是一般般的诗也是诗，这个姿态必须要有。

他是公务员，也需要值夜班。和同事值完夜班了，再作一首诗：

同崔员外秋宵寓直

建礼高秋夜，承明候晓过。
九门寒漏彻，万井曙钟多。
月迥藏珠斗，云消出绛河。
更惭衰朽质，南陌共鸣珂。

就是在这个时候，晁衡要走了。后人寄予美好的愿望，拍出的电影里，会把王维、李白和晁衡安排进同一个场景，整个场景美轮美奂，可是，这不是真的。

如今的李白年过半百，不顾妻子宗氏的阻拦，执意北上幽州，那里是安禄山的地盘。他看见这座城市气氛紧张，城门守卫对出入城的军民再三盘查，城内铁坊遍布，炼铁的火星子乱迸，浓烟滚滚而起，他们打造的，都是寒光闪闪的刀枪剑戟。守备军穿行巡逻，路线密集，时间密集。

是的，大唐危矣。此时距离安史之乱爆发，只有短短的两三年了！

安禄山的反心表现得越来越明显。

"国忠屡言禄山有反状，上不听。"

"太子亦知禄山必反，言于上，上不听。"

甚至于，后来凡是有告密禄山谋反者，玄宗干脆将告密者缚送给安禄山……

第十二章

大乱起也

真事儿

春夜竹亭赠钱少府归蓝田

夜静群动息，时闻隔林犬。

却忆山中时，人家涧西远。

羡君明发去，采蕨轻轩冕。

春夜如此宁静，所有的动静都已经停息，只是时不时地听到隔着树林，几声犬吠。这却使我忆起在山里之时，人家的住处远在山涧之西。真羡慕先生你天明就要启程归去，安于采蕨的清贫日子，不拿这爵高官显当回事。

一说此诗作于天宝十载（751 年），一说此诗作于天宝十四载（755 年），还有人说此诗作于乾元二年（759 年）。若是天宝十四载的话，正好是安史之乱爆发那一年。但是在"渔阳鼙鼓动地来"之前，大家谁都不知道。钱少府是指钱起。钱起比王维小了足足二十岁，虽然于天宝十载（751 年）进士，但是有李白、王维等人在他头上压着，他的诗才并不怎么显扬。到了大历年间，盛唐才子已纷纷逝去，他成为有名的才子，而且是"大历十才子之冠"。

阿倍仲麻吕一行辞别长安，归心似箭，没想到却遭了大风浪，被风暴吹到越南的骥州海岸，登陆后又被土人杀了大半，只余十多人幸存，其中包括阿倍仲麻吕。结果流浪一年多，于天宝十四载（755年），他们又回了长安。此前，李白听说他遭了海难，还挥泪写下了著名的《哭晁卿衡》：

> 日本晁卿辞帝都，征帆一片绕蓬壶。
> 明月不归沉碧海，白云愁色满苍梧。

晁衡回来不久，就遭遇安史之乱。唐玄宗带着他和一堆人一起逃难，又随着他一起返回长安。此后他一路把自己活成了三朝元老。玄宗死后，又在肃宗和代宗一朝任职，任的还是左散骑常侍、安南都护、安南节度使等要职，最后官至光禄大夫兼御史中丞，被封北海郡开国公。

大历五年（770年，日本神护景云四年）正月，阿倍仲麻吕在长安辞世，就葬在长安，时年72岁，被唐代宗追赠为二品璐州大都督。这个时候，王维已经去世九年了。——他比晁衡生得晚，比晁衡死得早。他的心软，心重。就这么疏离世事都不行，世事如针，扎得心上全是孔。

天宝十三载（754年），王维升任给事中。秦汉时，给事中是列侯、将军、谒者等的加官，侍从皇帝左右，以备顾问应对，参议政事。因为是在殿中执事，所以叫给事中。隋唐以后，给事中成为门下省的要职，掌驳正政令之违失。要职啊。正五品上。很重要，相当重要。负责审议封驳诏敕奏章，百司奏章，写得不好的，不合适的，都可以驳回去。皇命诏敕不好的，不合适的，也可以发还。权力很大。王维少年登科，做官几十年，这已经是他做过的最大的官。老天爷就是这样，损不足以奉有余。想当这官的，拼命也当不上；官位心淡了的，不想当的，他就当上了。

历史上并没有说王维在官位上行过什么政令，出过什么风头，做过什么政绩。他是一个涵养得很圆融的人，不与任何人过分亲密交好，也不与任何人反目成仇。不和任何人争得头破血流，也不把自己标榜得高岭之花，洁白无瑕。他活得很干净，但是这个干净是别人说的，他自己没说过。他活得很安静，这个安静也是别人感觉到的，他自己也没说。或者说，他也不觉得他活得很安静。他的心里自成一方天地，这方天地里有阴晴雪雨，而且还有毒龙咆哮，需要他用禅心制伏。他注重的是向内求的精神世界，对于外在的这个尘世，就显得很游离。他交的朋友，也都是疏离现实的人，比如钱起。

这一年，长安六十多天阴雨连绵，百姓房屋倒塌，禾稼遭灾，差不多颗粒无收。玄宗担忧大雨会伤害庄稼，杨国忠就派人去地里搜寻了些长得好的庄稼，跟玄宗说："虽然今年雨水大，但是对庄稼没啥妨害。"玄宗信了。扶风太守房琯说他管辖的区域遭了水灾，杨国忠就派御史去责怪他。于是这一年没有敢说闹灾了。这是真事儿，记载在《资治通鉴》里。

渔阳鼙鼓动地来

酬郭给事

洞门高阁霭余辉，桃李阴阴柳絮飞。

禁里疏钟官舍晚，省中啼鸟吏人稀。

晨摇玉佩趋金殿，夕奉天书拜琐闱。

强欲从君无那老，将因卧病解朝衣。

宫门深深，楼阁高高，一起沐浴着夕阳余晖。桃李茂密，阴阴成片，柳絮绒绒，随风飞飞。皇宫钟声疏疏，官舍已经晚来下班，门下省里鸟声啼鸣，官吏人员越走越稀。早晨步入金殿，随身戴的玉佩摇摇晃晃，夜晚捧着诏书，拜别宫门。我是想努力地跟着您一同进退，可是我老了啊，很快就会因为卧病不起，脱下这身朝衣。

王维写这首诗的时候，时光一如既往地平安。他就像一条鱼，生活在大唐的心脏，悠悠闲闲地过着他老来生涯。对他来说，对所有人来说，大唐安好。大唐有繁荣的市井，有熙熙攘攘的人群，有杏眼红唇的丰腴美女，有长歌剑舞的年轻士人。大唐之大，从南到北有四千多里，从东到西有近万里。大唐容纳了儒释道，甚至外来的宗教也兼容并包。大唐的子民良善，男女关系豁达，男子可以休妻，女子也可以和离。大唐给了寒门学子仕进的机会。大唐让他的尽可能多的子民可以吃得起饭，穿得上衣。大唐是和尚的大唐，是道士的大唐，是官员的大唐，是平民的大唐，是大唐人的大唐，是外来人的大唐。大唐无限荣光。

可是，大唐走过了它的全盛时代，已经在同样变老的皇帝的治理下，变得臃肿、凋敝、迟钝，耽于享受，溺于美色，惑于奸狡，而固执得如山如岳。它坚信自己坚不可摧。哪怕皇帝不理朝政，大臣争夺权势，贪官污吏越来越多，百姓无以为生，无以为继。哪怕有的地方发水，有的地方旱灾，边民被砍下头颅充作异族敌人，灾民逃难哭声四起，征丁征到征无可征，税赋交了人就要饿死。乍然之间，渔阳鼙鼓动地来。

天宝十四载（755 年）十一月初八，安史之乱爆发。安禄山说杨国忠惑主，打着清君侧的旗号，本部兵马加上罗、奚、契丹、室韦人马，总计十五万，号称二十万，连夜进发，由范阳挥师南下！唐玄宗不相信。他传旨骂了安禄山一顿，说只要他诚心悔过，就允许他归顺。安禄山不理唐玄宗，唐玄宗觉得帝皇威严受侵犯，把安禄山的大儿子安庆宗砍了。玄宗之所以不信安禄山会反，也是因为安禄山的老婆孩子都留在长安——有他们为质，他觉得，这个贵妃的干儿子不敢。安禄山大痛："我何罪？而杀我子！"

玄宗决定把皇位传给太子，自己御驾亲征，亲自给这个不听话的死小子一个教训。杨国忠赶紧去找他的姐姐妹妹，让她们出面劝皇帝不要禅位：他不当皇帝了，他们一家子还能有好果子吃吗？韩国夫人、虢国夫人、秦国夫人，三姐妹又跑进宫去找杨贵妃，杨贵妃当然也不肯啦，对着玄宗一哭一闹，玄宗也不亲征了，也不禅位了。

安禄山已经疯了，中原大地，刀光剑影，杀声阵阵。河北二十四个郡相继投降，举国上下无人能撄安禄山之锋。十二月初，安禄山挥军跨过结了冰的黄河，直扑陈留，刚刚上任的河南节度使张介然率领地方兵马仓促迎战，被叛军生擒。安禄山将张介然和他麾下被俘将士一万三千余人，全部就地活埋。叛军乘胜紧逼荥阳。荥阳太守崔无波亲自登上城头组织抵挡，结果没经过严格训练的守军吓得站不稳脚跟，不到半个时辰，荥阳城破，崔无波被杀。安禄山又一鼓作气，直扑虎牢关下。封常清临时募集洛阳附近各地青壮六万余，发誓要与安禄山决一死战。可是民壮打不过精兵，封常清被逐出虎牢关，从洛阳郊外败回城内，从洛阳城墙败到上东门，从上东门败到宣仁门，败到西苑，一直被打出洛阳城外二十余里，没有得到离自己很近的毕思琛的支持，差一点被叛军生擒。

颜真卿、颜杲卿兄弟加上颜杲卿的儿子，带着数千人以卵击石，抗击安禄山。玄宗听闻壮举，踉跄呼喊：“颜真卿，颜真卿！”然，梁朽屋坏，独木常支。

天宝十四载（755 年）十二月十三，安禄山入洛阳，辅国大将军毕思琛率部投降。河南令尹达奚珣率东都留守百官跪迎于道。东都留守李憕、御史中丞卢奕、采访判官蒋清三人组织抵抗未果，在李府内举火自焚以殉国难。

……

皇帝不见了

送綦毋校书弃官还江东

明时久不达，弃置与君同。天命无怨色，人生有素风。

念君拂衣去，四海将安穷。秋天万里净，日暮澄江空。

清夜何悠悠，扣舷明月中。和光鱼鸟际，澹尔蒹葭丛。

无庸客昭世，衰鬓日如蓬。顽疏暗人事，僻陋远天聪。

微物纵可采，其谁为至公。余亦从此去，归耕为老农。

　　很久不曾通达，我被弃置，和你相同。天命如此，我也不怨，人生于世，当有清素之风。我想你拂衣而去，从此四海为家，也会安于穷困。秋天到了，万里明净，天色已晚，江水空明。夜色清朗，悠悠自在，明月当空，你扣舷舟中。隐于尘世与鱼鸟同乐，淡然自处，居于蒹葭丛中。不必再在这俗世中客居了，你看咱们的双鬓已经斑白，乱如飞蓬。我一直就愚顽萧疏不明人事，身居偏僻荒陋之处，又远离圣人。纵使我这微末之人有一点可取之处，可是谁又能做到人间至公。我从此也要离开了，回去耕田，当一个不问世事的老农。

　　这首诗当是写于安史之乱爆发后，长安未破之前。国家机器仍在照常运转，人们也可以自由地来来往往。王维送走了老朋友，自己也有归隐之志。但是，事件狂风骤雨而来，几乎来不及做出应对。文字永远无法描述战争是什么样的惨相。洛阳一战，隆冬之际，火烧全城，百姓们各自抢出家当，哭爹叫娘地要想办法逃离。城守带兵与安禄山的叛军展开正面冲杀。天色昏暗，一时大摇地动，双方将近二十万人在城外杀得尸如山积。洛阳守兵不敌叛军，只得紧闭城门，坚守不出，却又迎来了叛军远攻。一声又一声巨响，无数巨石被投入城中，一时间房倒屋塌，狼烟地动。百姓一哄而散，互相踩踏。近万叛军攻入城中，手持长戟，见人就杀，沿途逃不掉的百姓血流成河。唐军与叛军源源不绝地填人，不知道多少将士丧命。昔日的繁华烟云之地，如今成了修罗地狱。洛阳数十万人口，战事开始前逃掉将近一半，仍有四五十万人被堵城中，烧死的、射死的、受凌辱而亡的、自相践踏而死的，少说三十来万。安禄山叛军就这样长驱直入，大杀四方，他们所经的每一个城镇、每一个村庄，黑烟弥漫，战火吞噬生命。中原大地十室九空，黄河南北俱成焦土。初春后河流破冰，春寒化作细雨，春天来得比往年早，道路一片泥泞。冬天被雪掩盖的尸体现出残躯，却差不多与黑色的路泥混为一体。

军队近逼潼关，长安城近在眼前，安禄山不走了。天宝十五载（756年）正月一日，安禄山称帝，定都洛阳，国号大燕，改元圣武元年。权力这种东西好比毒药，太甘美，诱人沉醉。

唐玄宗派人将大将封常清、高仙芝斩首示众，哥舒翰已经病废在家，也不得不接受皇帝任命，领兵赴潼关拒敌。哥舒翰数次上疏唐玄宗，请求坚守潼关。叛军久攻不下，军心涣散，会众叛亲离，到时趁势出击，大局可定。可是杨国忠却坚持要求唐军兵出潼关，与叛军一决死战。于是唐玄宗不断派人催促哥舒翰出兵。于是天宝十五载（756 年）农历六月四日，哥舒翰"恸哭出关"。

初八，决战打响，唐军于隘路入了埋伏，山上滚木礌石如冰雹砸下，唐军死伤枕藉，又被火攻，烧杀无算，又被叛军从背后杀出，前后夹击，唐军如蚁，虽然人多，发挥不了威力，溃散逃命，光掉进黄河淹死的就有几万人，绝望呼号惊天动地。拼命逃回潼关的人，二十万大军，仅剩八千。六月九日，潼关失守。哥舒翰跪在安禄山面前，伏地谢罪，叛归安禄山。

潼关既破，安禄山长驱直入，直逼长安。皇帝呢？跑了。他带领贵妃姊妹、皇子、皇妃、皇孙以及宰辅大臣和宦官、宫人千余人，在龙武大将军陈玄礼的护卫下，秘密逃离长安。第二天百官上朝，皇帝不见了。

田园乐

田园乐·其二

再见封侯万户，立谈赐璧一双。

讵胜耦耕南亩，何如高卧东窗。

再次见到能够封侯万户的人，哪怕他在交谈的时候，立时就能够得到赏赐的玉璧一双。这样的心思机巧，又怎么能比得过归隐躬耕南亩，怎么比得上闲适高卧东窗。

王维写这首诗的时候，显然是对这样的机巧人物有自己的态度的。他不喜欢钻营，不喜欢媚上，不喜欢万户侯之类的功业。他只喜欢潜隐，喜欢躲开人群，喜欢闲适自然。然而，不是你想怎么样，就能够怎么样。大乱大变生起的时候，每个人都像碗里的骰子，随着颠簸摇筛，身不由己，晕头转向。

长安炸了窝了。一片混乱，哭声震天，能跑的跑了，不能跑的，等着被抓，被杀，被囚，被禁。这场大变中，李白、杜甫、王维各有遭际，所有人都各有遭际。李白还要逆着逃难的人群竭力想要奔向长安，向玄宗献上灭胡之计。

奔亡道中

函谷如玉关，几时可生还。

洛川为易水，嵩岳是燕山。

俗变羌胡语，人多沙塞颜。

申包唯恸哭，七日鬓毛斑。

这首诗写作的时候，李白已经是在函谷关内了。他说，函谷关以东的地区都被安史乱军占领，所以洛川之水、嵩山如同边疆的易水、燕山。自己本想效法申包胥痛哭秦庭，劝说玄宗抗击叛军，可是此时函谷关以东尽为敌军所得，李白不得不从华山经商洛大道转道江南。他的靖难行动失败了。他带着妻子一路逃亡，奔波辗转，经溧阳、杭州、金陵，在庐山屏风叠暂时隐居下来。

此前杜甫已经把家搬到奉先，这时候就从奉先带着一家人到了白水，寄住在他的舅父崔顼这里。潼关沦陷，白水也不能幸免。他又带着一家人跟着大家一起逃难。所有的人，家不要了，业不要了，庄不要了，田不要了，背着包裹，抱着孩儿，搀着老婆，扶着爹娘，敌人从东来，往西逃，敌人从南来，往北逃，往山里逃，林里逃，草丛里逃。大路上，小路上，田野里，到处都是奔逃的人影，被丢弃的小孩子哇哇哭泣，没人搭理，老人倒卧路边，闭眼等死。杜甫他们走啊，走啊，怀里小女儿饿极了，直咬杜甫，哇哇大哭。杜甫把女儿抱在怀里，小儿子采了些苦李给她吃，小女儿放在嘴里咬了咬，"呸"地吐出来，哭得快要背过气去了。就这样，饿了采野果，累了斜倚树，白天蹚泥走，晚上勉强睡。有的时候，找不到宿头，他们半夜里也会摸黑行路。最终，他带着家人流落羌村，也就是如今的陕西省富县境内。他在这个偏远的、可以躲避战乱的小村庄暂时安了家。

王维一直不显山不露水，不表功不居功，政治触角不太灵敏，是一个比较清高的读书人。所以这次玄宗走的时候，没有带上他。好多大臣都没有带上。玄宗带上的是杨贵妃和杨家的一大家子，有的王孙都给扔下了。而安禄山大军，已长驱直入。深宅大院浓烟滚滚，大街上来来往往都是胡人。沦陷的长安被叛军大开杀戒，不定在哪儿就能看见一个死人甚至一家子死人：死得身首分离，死得肠穿肚烂，死得血流满地，死得面目狰狞。人们的鞋都被血泡透了，有人的鞋本来就磨破了脚底板，脚就直接泡在人血里。宗室嫔妃以及跟随玄宗入蜀的官员们捡了一条命，可是他们留在长安的家属，大好头颅不值钱，被砍瓜切菜一样地劈砍，连婴儿都不能幸免。

《旧唐书·郭子仪传》载："宫室焚烧，十不存一，百曹荒废，曾无尺椽。中间畿内，不满千户，井邑榛荆（'榛'应改为'榛'），豺狼所号。既乏军储，又鲜人力。东至郑、汴，达于徐方，北自覃、怀、经于相土，为人烟断绝，千里萧条。"

天宝十五载（756年）六月十二日，玄宗奔蜀。六月十七日，安禄山兵占长安。而在安禄山兵占长安之前几日，六月十四日，马嵬坡兵变。杨国忠被愤怒的军士杀掉，枭首示众，他的儿子户部侍郎杨暄和韩国夫人、秦国夫人也被诛杀。马嵬驿被团团围困。陈玄礼要求唐玄宗割恩正法——杀了杨玉环。玄宗没想到他们还要杀到爱妃头上，可是他却不敢斥责他们，愕然良久，说了一句"朕当自处之"。

于是，大家就一起等。外边兵士在等。内里贵妃也在等。她也不知道她在等什么。她多年深宫娇养，只知道想吃荔枝的时候就能吃到鲜荔枝。她也许跟安禄山清清白白，也许有点不清不楚。可是她确确实实不知道安禄山会反，也不知道他为什么会反。她不关心政治，一点都不关心，她觉得那是男人们的事情。政治呀，武勇呀，都和她的生活无关。她就是一个被玄宗无限疼爱的小妻子。隔着窗户，她注视着她的三郎。她看见一个官在冲着他磕头，拼命磕，拼命磕，磕得都流血了。玄宗后退一步，身体抖若筛糠。她的身体忽然地也抖若筛糠。

五花大绑赴洛阳

夷门歌

七雄雄雌犹未分，攻城杀将何纷纷。

秦兵益围邯郸急，魏王不救平原君。

公子为嬴停驷马，执辔愈恭意愈下。

亥为屠肆鼓刀人，嬴乃夷门抱关者。

非但慷慨献良谋，意气兼将身命酬。

向风刎颈送公子，七十老翁何所求。

　　战国七雄，还分不清谁雌谁雄，攻城杀将，实在是乱得很。秦军增兵围困赵都邯郸，情势越发危险，魏王畏秦不敢出兵相救平原君。信陵君为收揽人才，给侯嬴驾过马车，还特地在闹市停车供人观瞻，侯嬴访友谈笑风生，信陵君执着辔头，神色愈发恭谦。朱亥是个拿刀的屠夫，侯嬴是个看门的人。侯嬴不但为信陵君慷慨献上良策，还意气所至，以命相酬。他自杀报答信陵君的知遇之恩，这个七十岁的老翁别无所求。

　　——这是王维早年间写的一首诗。那个时候，他的血很热，笔很壮。如今，国势如此，有谁还能像侯嬴一样，为救国家献良策，杀身以酬报君恩呢？事实上，这个时候，信陵君又在哪里呢？

贵妃薨了。玄宗一屁股坐在泥地上。门外传来三军胜利的呼声。他们恨贪官污吏，恨军中蠹虫，恨长官们召妓饮酒，胡乱指挥，米里掺石掺糠。他们说这一切都是因为皇帝不明。皇帝不明的原因是贵妃偏宠。贵妃偏宠的结果是国忠擅权。国忠擅权的结果是逼反禄山。——其实他们也不知道该恨谁，但是他们知道杨国忠该死，杨家一门都该死，最该死的是杨玉环。全天下人都道最该死的是杨玉环。没有人有能力质疑一国之君，哪怕他老了，糊涂了，倒行逆施。人们把一切过错委于一个对政治懵里懵懂的女人，却觉得是替天行道，高呼的是天子英明。

马嵬驿因为缢死了一个女人，从此青史留名。这件事还有余韵，杨国忠的妻子裴柔和幼子杨晞，还有虢国夫人和她的儿子裴徽逃往陈仓，县令薛景仙把他们抓住，也杀了。鲜花着锦终有败时，烈火烹油收拾不住。算起来倒不如野草闲花开有时，山里摇落一季春。更好笑的是，据说杨贵妃被勒死后，马嵬坡的一位老妇人拾到一只袜子，说是杨贵妃的袜子。打此路过的人都要求看看这只袜子，老女人就收费，一百钱一人次，赚钱无数。

太子李亨在马嵬坡为百姓所留，与玄宗分道，玄宗去蜀，太子北上至灵武。756年七月十二日，李亨在灵武即位，遥尊父亲玄宗为太上皇。七月二十八日，玄宗至成都。儿子都即位三十天了，在蜀地的玄宗才知道。他命韦见素、房琯、贾至等人奉传国宝玺、玉册往灵武传位。

传位归传位，但是他好不甘心啊。于是，他分封了其他的几个皇子，让他们分领天下节度使——名义上是抗击叛军，实际上是削弱儿子李亨的权力。永王李璘是玄宗李隆基的第十六子，被封为山南东道、岭南、黔中、江南西道节度都使，江陵郡大都督，坐镇江陵。李璘想招揽更多的士子、先生，于是李白也入了永璘幕下。

756年，永王李璘真的造反了，但是李白并没有感觉到李璘的反心，他还在替李璘作诗歌颂。而把家安置在羌村的杜甫则留下妻儿在家，只身出发，北上去了延州，准备从芦子关取道到灵武。他要勤王。结果走到半路，被胡人逮住，送到长安。这个时候，王维也在长安被安禄山的叛军抓了。

安禄山是拿自己当皇帝的，所以他需要有人替他管理侵占的河山。那么这些现成的官员就是最好的工具人。他是拿洛阳当国都的，所以把这些抓起来的官员全都送到洛阳去，给他们封官任职。其中就包括王维。还有许多别的官员。杜甫倒是没有被送到洛阳。他虽然比王维和李白年轻十来岁，但是他一直穷困，营养不良，又奔波惊魂，整个人瘦得皮包骨，尖嘴缩腮，皮肉苍苍，一看就不是当官的模样。所以他就逃过这一劫。王维、郑虔、储光羲等人都被掳到洛阳。

《旧唐书·王维传》云："维扈从不及，为贼所得。维服药取痢，伪称喑病。禄山素怜之，遣人迎置洛阳。"意思是，王维没有来得及陪王伴驾，一起逃往西蜀，被叛贼逮住。王维吃了泻药，假称自己得了病。安禄山素来怜爱他，就派人把他迎接安置到了洛阳。但是据《韦斌碑》记载，王维之赴洛阳，是"刀环筑口，戟枝叉颈，缚送贼庭"。就是用刀环塞进嘴里，用战戟的小枝叉着脖子，五花大绑送到了贼人的殿庭。哪一种更切实际、更合逻辑？

王维名气确实不小，但是不过是文名。安禄山是对于文学才华那么敬仰和看重的吗？而且当时一片乱哄哄，被抓走运送洛阳的官员人众不是论"个"来算，是按"批"来算。《明皇杂录》里写："天宝末，群贼陷两京，大掠文武朝臣，及黄门宫嫔，乐工骑士。每获数百人，以兵仗严卫，送于洛阳。"许多的叛军押送着许多的官员人众，有听话的，有不听话的，有哭闹打滚的，有畏首畏尾的，有缀着不肯走的，各种情态，百样情形。这些叛军是会对他们温柔以待的吗？绑起来，捆起来也是有的，用戟叉着脖子，用刀环塞着嘴巴也是有的。安禄山当时指挥叛军，千头万绪，他有精力去特地安置一个王维吗？所以，很多时候，所谓的史学之笔，也跟小说家言差不太多。粉饰或者矫说都有可能。

万户伤心生野烟

菩提寺禁裴迪来相看说逆贼等凝碧池上作音乐供奉人等

举声便一时泪下私成口号诵示裴迪

万户伤心生野烟，百僚何日再朝天。

秋槐叶落空宫里，凝碧池头奏管弦。

千家万户，人人伤心，因为繁华城池，如今却满城风烟。百官怅惘，不知道何时才能朝拜天子，再见君颜。秋天的槐叶静静地飘落在空旷寂寥的深宫内院，凝碧池头却奏起了喧嚣的管弦。

这首诗作于至德元载（756 年）八月。正是天下大乱，他自己也身陷囹圄。

安禄山生在边地，却特别喜欢音乐，所以对于乐工很是留意，抓乐工也抓得多。十日之内，捉到几百个梨园弟子。这下子，就可以支起台子开音乐会了。于是，安禄山就张罗起来，在凝碧池宴请叛贼任命的官吏们。当时王维被拘押在菩提庙。因为他偷偷吃着下痢的药，所以把自己拉得病恹恹的，都起不来了。用这个法子来表明自己无力就任安禄山安排的给事中这个伪官。——这是他的气节。他的脾气秉性让他做不出大哭大骂的事，可是他照样不愿给叛贼做事。

叛贼们已经打开了皇帝的库藏，把里面的珍奇宝物搬出来，前前后后罗列起来。音乐一起，梨园原来的乐师就热泪长流。明知道旁边有明晃晃的刀刃威胁，眼泪就是止不住。有个叫雪海清的乐师，实在是忍不住了，把乐器一把扔在地上，向着西边的方向长声痛哭。于是，众目睽睽之下，雪海清被捆到戏马殿上，大卸八块。消息传开，旧民旧臣，无不痛哭。

一场大乱，硬骨头和软骨头都显露出来。就像山高月小，水落石出。

方孝孺宁肯被夷十族，也不肯起草一道诏书，是气节；文天祥百般被诱，也不肯投降元兵，是气节；屈原为什么怀石投江？亦是不肯看到自己的国家在自己的眼皮底下活活丧亡，这也是气节；就连那个不食嗟来之食的乞丐，只为要坚持一个做"人"的尊严，竟不惜拿命来换，这也是气节。气节这种东西在平时的柴米油盐、琐碎光景里根本看不见，可是不等于不存在。

就是这个时候，裴迪来看他，他愤而作了这首诗。这是他很少有的情绪愤激。他心里未必没有怨着皇帝跑掉，但是他一向谨慎，什么也没有说，也没有写。他只是盼着皇帝回銮，百官朝驾，日子回到以往，不要再像眼前这么一片惨象。

裴迪到底没有辜负王维的一片心意，他在王维落难的时候，偷偷地过来探望了。当初两个人一起住在辋川，诗文唱和，携手共游。后来这个小秀才和自己告别，去奔自己的前程。想着他翅膀硬了，大约已经忘了自己这个哥哥。但是现在，他又跨越尸山血海，过来找自己。王维的泪下来了。如今兵荒马乱，朝不保夕，他想让裴迪多陪陪自己，可是却硬把他往外赶，因为凶兽盘踞之地，太危险。

过去的日子，像大梦一场。过去的辋川，像桃花源。他很难得地任性了一把，表达自己的渴望：

菩提寺禁口号又示裴迪

安得舍罗网，拂衣辞世喧。

悠然策藜杖，归向桃花源。

啊，什么时候我才能脱了罗网，拂衣而去，辞别喧闹的世间。啊，什么时候我才能悠然挂着木杖，一步一步，走向我的桃花源。

他在问裴迪，可是裴迪不能答。他借着问裴迪在问佛，佛也不能答。他在借着佛问苍天，天也不能答。

当年，裴迪离开辋川别墅，去寻求自己的道路之后，王维心里空落落的。春天鸟叫花开，劳人伐树，农人荷锄，他们累了都要回家。燕子从南方回到北方，也识得它的旧巢，屋里的旧主人翻着新一本的年历，在想着远去的人什么时候能够回来。举起酒杯又放下，心头一片惆怅。

春中田园作

屋上春鸠鸣，村边杏花白。

持斧伐远扬，荷锄觇泉脉。

归燕识故巢，旧人看新历。

临觞忽不御，惆怅远行客。

如今相见，却是这样一番残败落拓尸积成山战火连天的景象。就像一场噩梦！裴迪依依不舍地离去，王维眼睛睁得大大的，远远地目送他离开。

第十三章

脱网罗也

自由是短暂的

酌酒与裴迪

酌酒与君君自宽，人情翻覆似波澜。

白首相知犹按剑，朱门先达笑弹冠。

草色全经细雨湿，花枝欲动春风寒。

世事浮云何足问，不如高卧且加餐。

裴迪呀，我斟酒给你，请你且情怀自宽，你须知道，人情反复无常，就像这水上波澜。人们哪怕一生相交到老，仍须按剑提防对方相害，那已经比我先通达、住朱户的人，却笑我突然弹冠。野草绽发新绿，全是因为细雨滋润，花枝欲展，却又遭遇春风乍寒。世事如同浮云，哪里值得我们费精神过问一番，还不如闲适躺卧，努力加餐。

王维对裴迪是声声叮咛，句句开解。想必是裴迪遇到了什么烦恼，所以他特别耐心地一边劝酒，一边劝解。裴迪几乎可以说是王维锚定一生的人。如今裴迪走了，王维也不知道前路怎样，被关多久，军情如何，国事会怎么发展。

正面战场上，大将郭子仪宝刀已老，仍然出鞘，唐军在这个兵部尚书兼朔方节度使的带领下，打了几场胜仗，在后方牵制住了敌人。同时，唐军在河北也收复了许多郡县失地。这支军队回到灵武，肃宗才算手里有了兵力可用。随后，李亨从宁夏灵武迁移到顺化，即甘肃庆阳，接着，又迁到彭原。他派房琯带兵，去收复洛阳、长安。

756年冬，房琯率领唐军在陈陶和青坂与叛军展开大战，把军队分成三路，以牛车二千乘，骑兵、步兵一起进攻。这是一个胶柱鼓瑟的读书人，照搬的是春秋时代的车战之法，却没想到胡人整天和牛羊打交道，是专会克制牲畜的。于是胡人鼓噪，吓得牛群大乱，又放火，牲畜怕火，更是没命奔逃。叛军趁乱砍来，中路和北路一天之内全军覆没，四万人的军队，逃回去的仅有数千。陈陶之战大败。两天后，房琯又亲自带领南军出战，再败。

渐渐的，天气和暖了起来，转眼到了肃宗至德二载（757年）春天。长安和洛阳，仍旧生活在地狱里面。与此同时，叛军高层也发生着剧烈的动荡。至德二载（757年），安禄山被他的儿子安庆绪杀掉，安庆绪在洛阳自称皇帝。

之前，安禄山虽已称帝，但其健康状况迅速弱化，先是身长毒疮，后又双眼失明，脾气越来越暴躁，身边的大臣、内侍屡遭毒打，臣属对其多生怨气。同时安禄山打算废长立幼，立安庆恩为太子，致使此时第一顺位继承人安庆绪颇为不满。

据说在至德二载（757年）也就是他登基第二年的一天，就被安庆绪联合安禄山首席谋士严庄，贴身宦官李猪儿，给活生生砍死了：安禄山瞎了，为防人害他，床头经常挂着一把刀。等他发觉刺客到了跟前，他胖得起不来——平时他穿衣裳，系腰带，自己系不上，都是李猪儿顶着他的肚子，把他的肚子顶回去，才能勉强系上。自觉末日到了，他摇着帐幔大喊："这人是我的家贼呀！"

血流成河，断气身亡。死不得个好死，死后也没个好发送，就在他的床下挖了一个大洞，用毛毯把他的尸体一包，往里一扔，把土一填，清账。哭？不存在的。葬仪？不存在的。悼念？不存在的。

安庆绪为什么会杀父亲？因为他看中了这个皇位，自己想当皇帝。父亲死了，他如愿以偿。李猪儿为什么那么恨他？因为他当初离开契丹部落，十几岁就开始伺候安禄山。他是个聪明孩子。结果安禄山用刀把他的生殖器全部割掉，鲜血流了好几升，死去活来，他是鬼门关上蹿出来的人。李猪儿成了阉人，安禄山觉得他没本事再有作乱的可能了，就宠爱得他不行，信他，重用他。安禄山得唐玄宗宠信，被赐到华清宫温泉洗澡，都允许李猪儿进去帮忙脱穿衣服。人心底的恨如春草，更行更远还生。

杜甫投奔灵武不成，在长安被抓，因为管理松懈，他可以溜出去到处在长安走一走看一看。可是他看不到当年的曲江游了，也看不到当年的丽人和丞相。当年的朱户高楼冒着滚滚黑烟，当年的权贵气焰烟消云散，当年的朱门快乐一无所有，当年的虽不富裕但能凑合活下去的百姓被滚地葫芦一样砍了一片。

长安城原本光洁的街道已经这里那里钻出了一丛丛的野草，草受了人血人肉的滋养，长得格外茂盛，高过膝盖。人在其中钻行，如同缥缈幽魂。

他的沉郁千年的《春望》，就在此时写成：

> 国破山河在，城春草木深。
>
> 感时花溅泪，恨别鸟惊心。
>
> 烽火连三月，家书抵万金。
>
> 白头搔更短，浑欲不胜簪。

然后，他就悄悄地摸出长安，又投奔肃宗而去。人命不已，爱国之心不死。

然后，大唐看见了曙光。李亨命郭子仪与李光弼等征讨叛军，先后于至德二载（757年）六月和十月收复长安、洛阳两京，大败安庆绪。安庆绪逃往邺城（今河南安阳市）固守，临行前，将哥舒翰等三十余名被俘唐将全部杀害，哥舒翰一代名将，死得憋屈。

王维他们自由了。但是，自由是短暂的。

解网罗

既蒙宥罪旋复拜官伏感圣恩窃书鄙意兼奉简新除使君等诸公

忽蒙汉诏还冠冕，始觉殷王解网罗。

日比皇明犹自暗，天齐圣寿未云多。

花迎喜气皆知笑，鸟识欢心亦解歌。

闻道百城新佩印，还来双阙共鸣珂。

忽然得到诏书，说是要归还我的冠冕，如今才真正觉得自己脱离了网罗。太阳比起皇上圣明都要昏暗，哪怕我朝圣人寿与天齐，我也不觉得多。鲜花迎接喜气，都像是展开笑颜，鸟儿识得我的欢心，也愿意啁啾唱歌。我听说一百个城池都已经收复，重新任命官员负责，双重宫阙都有马声铿锵仪仗多。

这首诗写于乾元元年（758）初春，两京收复，朝廷清算之后。

杜甫历经艰辛，投奔肃宗。正值用人之际，肃宗感念他的忠心，让他官拜左拾遗。房琯兵败，肃宗想制裁他，结果杜甫却上书说"罪细不宜免大臣"。肃宗可气坏了，要连他一起制裁。幸亏有大臣相劝，杜甫才没有被杀，还照旧当他的左拾遗。不过他已经不再受圣心眷顾了。

至于李白，则一不小心就成了附逆。永王的大军攻破丹徒，杀太守阎敬之，江、淮地区大震动。高适、来瑱与韦陟会合于安陆，结盟誓师讨伐李璘。李璘兵败被杀。李白在逃往庐山的途中被抓，投进浔阳的监狱。这一年，李白五十七岁。

757年的十二月，玄宗和肃宗回到京城。李亨要归政玄宗，自己接着去东宫当他的太子。所以，玄宗从四川返京的那一天，肃宗不穿黄袍，而是穿紫袍迎驾。玄宗把一件黄袍亲自替他穿上，他趴在地上不肯穿，最后才穿上了。但是，他仍旧几次上表，请求避位，还居东宫。玄宗说什么都不许。于是，就父慈子孝，父亲退位安养，太子正正当当地当他的皇帝，好一出温柔敦厚的禅让戏。

两个皇帝都回来了，秋后清算也就开始了。从龙伴驾的，接驾扈从的，不用说，赏。房琯也被命为金紫光禄大夫，进封清河郡公。附逆的，还用说？这天，含元殿前，黑压压跪了一片，这些官员都是当日来不及逃走，后来任了安禄山的伪职，如今脱鞋摘帽，顿首请罪。后来洛阳收复，又运回来一大批，他们在洛阳投降胡人，如今也一个个朝堂请罪，打入大牢。其中包括王维。

王维、郑虔、张通这些人都被囚禁在杨国忠的旧宅。宰相崔圆将他们三人召到自己的家中，让他们在他家的几处墙上绘画。作为阶下囚，他们当然用心画啦。一个个精心构思，精心作画，一心想将壁画画得最好。壁画完成后，他们三个人都得到了宽大处理。有的人被贬降到外地，去的也是比较好的地方。

至于王维，算得上小惩大诫。主要是他写的那首诗成了他不愿附逆、对朝廷赤胆忠心的有力佐证："万户伤心生野烟，百官何日更朝天。秋槐叶落空宫里，凝碧池头奏管弦。"而且还有弟弟王缙也替他求情，愿纳还官职，换哥哥活命。于是王维获得赦免，仅是贬为太子中允。

王维天性清淡，但是对弟弟的感情很深，所以才会写下流传千古的名诗《九月九日忆山东兄弟》。人活世间，活的就是一个牵挂。一个人出生即为行旅，开始不停步的奔波生涯。刚开始热热闹闹挤挤挨挨，唱着歌一起出发，渐走渐累，岔路多了起来，有的人超过了自己，有的人赶不上自己，身边的人越来越稀，直到有一天突然发现苍茫暮色里只剩下一个自己，前不见古人后不见来者，悲风呼啸掠过，那种心情真是独怆然而涕下。所以，人是需要有牵绊的，若是有这样的一个兄弟，他和你一起长大，他知道你的风尘疲惫，明白你的落寞孤寂，那么，想起他来，便觉世间事有尚可留恋处，诸般苦也有一丝丝甜。便是看着窗外月色皎洁，明明和往常并无什么不同，只是因为想起了兄弟，便也添了许多疏影横斜、清雅如画的美丽。就好比窗外一枝梅开，月亮也生动起来。

活在尘世，如果真的像佛门人提倡的那样断情绝爱，那也真的没什么意思，成了枯木顽空。

唯有浸入红尘，方才解得红尘，然后才有资格去讲跳脱红尘。

万国衣冠拜冕旒

和贾舍人早朝大明宫之作

绛帻鸡人报晓筹，尚衣方进翠云裘。

九天阊阖开宫殿，万国衣冠拜冕旒。

日色才临仙掌动，香烟欲傍衮龙浮。

朝罢须裁五色诏，佩声归到凤池头。

卫士头戴红巾，报说寒夜欲晓，尚衣官员给天子呈上了翠色云裘。曙色之中，九天宫殿次第开放，万国使节衣履庄重，向加冕悬旒的皇帝叩头。日光初起，照临君王的雉尾掌扇，香烟浮动，飘向了皇上的衮龙袍绣。罢朝后天子的圣旨写成了五色诏书，玉佩声响，中书文官纷纷忙碌不休。

乾元元年（758 年），王维责授太子中允后，上表谢恩：

臣维稽首言：伏奉某月日制，除臣太子中允。诏出宸衷，恩过望表，捧戴惶惧，不知所裁。臣闻食君之禄，死君之难。当逆胡干纪，上皇出宫，臣进不得从行，退不能自杀，情虽可察，罪不容诛……伏愿陛

下中兴，逆贼殄灭，臣即出家修道，极其精勤，庶禅
万一……臣得奉佛报恩，自宽不死之痛，谨诣银台门冒
死陈请以闻。无任惶恐战越之至。

兢兢战战，汗流满面，战战兢兢，汗不敢出。这就是王
维写表时的状态。他又惭愧，又自责，又要表出家修道、奉
佛报恩的决心。

他做了正五品下的太子中允不久，就又被任命为集贤学
士。所以王维又上了一道表章《谢集贤学士表》来谢恩：

> 朝议大夫试太子中允臣维稽首言：伏奉今月十八日
> 敕，令臣充集贤殿学士。擢及无能，恩加非望，抃跃惭
> 惧，不知所裁……臣抽毫作赋，非古诗之流；挟策读书，
> 无专经之业……东堂赋诗，将招不成之罚；北面待诏，
> 必无善对之才。以荣为忧，席宠知惧。无任感恩踊跃战
> 越之至，谨诣延英门陈谢以闻。

他怕不能胜任，所以一直谦虚谨慎，说自己不能够东堂
赋诗，立等可就，北面待诏，又无才善对。所以荣耀加身，
反致生忧，蒙受圣宠，反而生惧。所以感恩、踊跃、战栗、
惶恐……

此时李白已经长流夜郎，杜甫登上朝堂。朝堂上的格局
挺有意思。杜甫仍旧做他的左拾遗。岑参则是右补阙。同为
谏官，两个天子近臣。再加上贾至、王维，他们同朝奉值，
相互唱和的时候挺多。比如贾至有一首诗《早朝大明宫呈两

省僚友》：

> 银烛朝天紫陌长，禁城春色晓苍苍。
> 千条弱柳垂青琐，百啭流莺满建章。
> 剑佩声随玉墀步，衣冠身惹御炉香。
> 共沐恩波凤池上，朝朝染翰侍君王。

杜甫的和诗为《奉和贾至舍人早朝大明宫》：

> 五夜漏声催晓箭，九重春色醉仙桃。
> 旌旗日暖龙蛇动，宫殿风微燕雀高。
> 朝罢香烟携满袖，诗成珠玉在挥毫。
> 欲知世掌丝纶美，池上于今有凤毛。

岑参的和诗是《奉和中书贾舍人早朝大明宫》：

> 鸡鸣紫陌曙光寒，莺啭皇州春色阑。
> 金阙晓钟开万户，玉阶仙仗拥千官。
> 花迎剑珮星初落，柳拂旌旗露未干。
> 独有凤凰池上客，阳春一曲和皆难。

　　王维和诗写得最好，尤其是那句"万国衣冠拜冕旒"，特别好，辉辉煌煌的，有气势得不行不行的。——可是，哪里还有万国衣冠拜冕旒呢？

　　安禄山叛乱后，郭子仪建议肃宗向回纥求助，因为要仰仗回纥的兵力，就要给他们特别大的好处，所以克复洛阳。回纥军却随后在洛阳大肆烧杀抢掠，死者数万人，大火连续数十日不灭。不光是洛阳，郑州、汴州、汝州，这些地方，都被烧杀抢掠，家家无幸，百姓衣纸。曾经皇皇气象、万国来朝的大唐，沦落到只能凭借下三滥、不入流的手段来换取异族的支援了。这还不算。吐蕃趁着大唐边疆空虚，占了西方的要塞。大食也从海路登上南方的海岸，围攻广州。原本为虎啸之下，群狼雌伏，没几年工夫情形倒转，肥猪在内，群狼上嘴。但是，皇上要听的不是那样的话，皇上要听的是"万国衣冠拜冕旒"。

赞歌刚唱完，皇帝就开始打击玄宗旧臣：贾至贬为汝州刺史，房琯贬为邠州刺史，刘秩贬为阆州刺史，严武贬为巴州刺史，杜甫也被派到华州去做司功参军。雨打芭蕉，风流云散。

王维倒是没遭贬，因为他在朝中没有结党，也没有和哪个权臣走得特别近，不像杜甫他们，是房琯一党。而且他弟弟王缙是肃宗这边的人，有从龙之功。但是经历一番磨折，他的心衰朽得厉害，对世事更是离得远之又远。所以他现在更倾向于隐居生活了，没事就在他的别墅里待着。别墅已经不能温养他什么，就像一个壳，他躲进去，好像外面的风狂雨骤，就下不进自己的世界里了。

知君旧时好

请施庄为寺表

臣维稽首。臣闻罔极之恩，岂有能报。终天不返，何堪永思。然要欲强有所为，自宽其痛。释教有崇树功德，宏济幽冥。臣亡母故博陵县君崔氏，师事大照禅师三十余岁。褐衣蔬食，持戒安禅。乐住山林，志求寂静。臣遂于蓝田县营山居一所。草堂精舍，竹林果园，并是亡亲宴坐之余，经行之所。臣往丁凶衅，当即发心，愿为伽蓝，永劫追福。比虽未敢陈请，终日常积恳诚。

又属元圣中兴，群生受福。臣至庸朽，得备周行。无以谢生，将何答施？愿献如天之寿，长为率土之君。唯佛之力可凭，施寺之心转切。效微尘于天地，固先国而后家。敢以鸟鼠私情，冒触天听。伏乞施此庄为一小寺，兼望抽诸寺名行僧七人，精勤禅诵，斋戒住持。上报圣恩，下酬慈爱。无任恳款之至。

就在乾元元年（758 年），王维施庄为寺，把辋川别墅献为寺院，一方面是为母祈福，另一个方面是报君恩，所谓"上报圣恩，下酬慈爱"。他是感激肃宗的，也想着要报效国家，所谓"效微尘于天地，固先国而后家"，可是他老了，已经五十八岁，已经心有余而力不足。既然如此，他想，就让我奉佛荐贤以作报答吧。他是真真切切地相信，佛能够保佑大唐的。——巧了，肃宗也是个信佛的。他还让天竺僧人给他七宝灌顶呢。他在灵武即位后，还召了一百名僧人进宫，早晚诵经，求佛保佑能够平定安史之乱，自己能够还朝。——所以，当他回了长安，也是真的相信是佛的力量。

王维施庄为寺后，每天除了上朝，在京师住着的时候，天天都供奉着十几个和尚吃饭，没事就是玄谈。他的斋舍中没别的东西，就是茶铛、药臼、经案、绳床。退朝后也不干别的，寻欢作乐更是别想，就是"焚香独坐，以禅诵为事"。就是烧烧香，念念佛。

而且他也越来越怀旧了。他年轻的时候给内弟崔兴宗画过写真，如今再见，隔着重重时光烟云，不胜感慨：

崔兴宗写真咏

画君年少时，如今君已老。

今时新识人，知君旧时好。

王维是一个自觉地追寻生命真谛和意义的人，所以他一直用渊静来达成道心。善昭《示众》云：

春雨与春云，资生万物新。

青苍山点点，碧绿草匀匀。

雨霁长空静，云收一色真。

报言修道者，何物更堪陈。

吴言生教授在他的《禅学三书》里这样写道："云行雨施，品物流衍。人的精神也应时时草如梳，在平野上显得柔柔匀匀。春雨乍收，天宇澄静；雾云散去，景色纯真。人心中固然需要有春云春雨的祥和之气，但其心性本体，却如春雨迷蒙中的长空，云环雾绕里的景色，并不改变其渊静、澄鲜的特质。"

坐在辋川的秋川碧草，看着眼前的灯明花鲜，过往的一切好像噩梦一样，有一种不真实的感觉。可是那明明是真实发生的。死了那么多人，街上纵横过那么多杀人的妖魔，那么多的老无所依，幼无所养，尸身枕藉，血水横流。王维觉得，自己简直有了心魔。他屡次从梦里惊醒，一时之间，不知道今夕何夕。

而眼下的时势，也着实让人乐观不起来。肃宗软弱，手下人派系横生，自己也被近侍操控。整个国家抓丁抓得乌烟瘴气，物价腾贵，洛阳一斗米卖到七千钱。而战争，还远远没有停止。乾元二年（759）三月，大唐二十万大军在相州被史思明大败——去年，史思明兵败暂降，授范阳节度使、归义郡王。现在，又叛了。九月，史思明攻陷洛阳。——洛阳收复两年后，再一次落入敌手。这一次的陷落，一直延续到宝应元年（762 年）十月，唐军再次收复洛阳时止。整整三年。763 年正月，史思明的儿子史朝义吊死在河北滦县的树林中。

安史之乱，勉勉强强算是结束了，也结束了开元盛世，也结束了贞观之治。一场安史之乱，死亡的人高达数百万。——但是，王维看不到了。哪怕是这种惨胜，他也看不到了。他死在了761年。

行到水穷处，坐看云起时

终南别业

中岁颇好道，晚家南山陲。

兴来每独往，胜事空自知。

行到水穷处，坐看云起时。

偶然值林叟，谈笑无还期。

　　人到中年的时候，我就已经有了好道之心，到了晚年，干脆把家迁到了南山之陲。有兴致的时候我喜欢独自漫游而去，美景佳趣只有我自己了解。走到那水的尽头，坐下看云彩飘动。偶然遇见林中老叟，谈笑晏晏，忘了归期。

　　当时国家动乱未息。有人质疑他不关心时政，这样的时势，他还能够写出这样的诗。不是说人人都是杜甫，不是说人人都有杜甫的热肠和胸怀。但是王维不坏。他只是性子清冷了些。他只是想要在山山水水里，安放自己的心。行到水穷处，坐看云起时。他始终在朝政上是不怎么伸手，基本上是随波逐流。他不迫害别人，别人也不迫害他。他努力地降低自己的存在感，只是一味地追求道心。他的道在山山水水，他的道在心内。他的道是自己。杜甫也在追求他自己的道。他的道在路上，他的道是世间苦难和别人。李白也在追求他自己的道。他的道在个人功业，他的道也是自己。论忧国忧民，杜甫比他们两个都要热切。

而王维写的"行到水穷处，坐看云起时"，是多么的有禅意。

阮籍经常会干的一件事是"时率意独驾，不由径路，车迹所穷，辄恸哭而返"。当前头无路、山穷水尽的时候，阮籍是哭着回来。

王维走到山穷水尽的时候，他——他没哭。他也没有返回。他反而一矮身，坐了下来，抬起头，悠悠然，看起来了天上云彩。天上云起了，天上云落了；天上云聚了，天上云散了；天上云有时黑，天上云有时白。看着看着，他痴了，读着他的诗的人，也痴了。

原来人走到穷尽的时候，不用再走，抬头去看，天上也是风景。也许不需要壮怀那么激烈地硬要撞出一条路来，闯出一条路来，撞得鲜血淋漓，闯得伤痕累累。也许可以真的坐下来，歇一歇。

大家都很累，坐下来吧。坐下来看看云，看云的工夫，让自己喘口气，和自己的心说两句。

王维老了。乾元三年（760 年），六十岁的王维被擢升为尚书右丞，正四品下。

这一年裴迪入蜀，走之前二人相见同游：

春日与裴迪过新昌里访吕逸人不遇

桃源一向绝风尘，柳市南头访隐沦。

到门不敢题凡鸟，看竹何须问主人。

城上青山如屋里，东家流水入西邻。

闭户著书多岁月，种松皆老作龙鳞。

王维把吕逸人隐居的地方比作桃花源，因为都是可以隔绝凡尘俗世的地方。因为听说了这个隐士，所以才会跑到柳市南头来打听。打听到了吕逸人的门前，明知道这个人有着龙章凤质，却不敢效仿前人，在他的门上题一个隐喻"凤"字的"凡鸟"二字，不过也无须和主人问答，光看门前翠竹，就可想见他的品行。城上的青山好像就装在室内，东家的流水潺潺湲湲地进了西邻。主人家在这里闭户著书可是好多年了，他种的松树已经长高长大，皮都老得像是龙鳞。

其实无论访得着访不着友人，王维都是开心的，因为他和裴迪做着伴。

裴迪走后，王维有诗：

赠裴迪

不相见，不相见来久。

日日泉水头，常忆同携手。

携手本同心，复叹忽分襟。

相忆今如此，相思深不深？

对于裴迪，他真是很在意。他们一起携手山水之间，互相应和作诗。如今裴迪有他自己的功业要去追求，王维不拦他，也拦不住。这是他们二人这辈子最后一次相见。

裴迪今存诗二十八首，都是同王维的赠答、同咏之作。王维诗集中，同裴迪的赠答、同咏之作，有三十余篇。

　　到了这个年纪，王维已经很少再有心海起伏波荡的潮汐。只是也偶然会有波光涌动一个瞬间，那时，他也会想：你现在在哪里，你还会不会回到这里。

　　人生常有别，大家都在时间里漂泊，曾经的过往像黄旧的花朵，被风吹雨打，被霜倾雪覆。

薄暮空潭曲，安禅制毒龙

过香积寺

不知香积寺，数里入云峰。

古木无人径，深山何处钟。

泉声咽危石，日色冷青松。

薄暮空潭曲，安禅制毒龙。

　　这是王维以前写的一首诗。文笔自然是好的，景致也清幽，最值得琢磨的是这五个字："安禅制毒龙"。

　　毒龙不在心外，在心内。安禅也不是安的心外，是安的心内。毒龙就是种种的欲望，人生七苦：生，老，病，死，怨憎会，爱别离，求不得。谁的一生也不可能绕得过这七苦。生与死把住两头，老是必经之路，病是必过之门。谁没有怨憎的人，谁没有求而不得的事，谁和爱人不会别离——任何人都没有和相爱的人不用别离的幸运，哪怕一生顺遂到底，死亡也会把你们分开。如果这些都勘不破，毒龙就在心里盘旋，禅心哪里能够留存。

　　——世间万物，王维都不放在心上了。人间情爱他也不再贪馋痴恋，三十多年自从丧妻后一直一人独居，他爱的，就是这一个"禅"字。王维的禅心也是沾泥絮。

王维上了一道《责躬荐弟表》。他知道自己老了，心昏眼暗，觉得占着这个官位，总有尸位素餐的感觉；落入逆贼之手的时候，也没有自杀殉国。结果皇帝陛下却能够怜悯自己的愚弱，不计较自己的疵瑕，还屡次给自己升迁。

> 臣弟蜀州刺史缙，太原五年抚养百姓，尽心为国，竭力守城。臣即陷在贼中，苟且延命，臣忠不如弟，一也。缙前后历任，所在着声，臣忝职甚多，曾无裨益，臣政不如弟，二也。臣顷负累，系在三司，缙上表祈哀，请代臣罪。臣之于缙，一无忧怜，臣义不如弟，三也。缙之判策，屡登甲科，众推才名，素在臣上。臣小言浅学，不足谓文，臣才不如弟，四也。缙言不忤物，行不上人，植性谦和，执心平直。臣无度量，实自空疏，臣德不如弟，五也。

列举了弟弟比自己优长的五点之后，又因为自己年迈，早晚要死，又无后代子孙，和弟弟相依为命。如今和弟弟两个人都老了，这一别恐怕会两隔黄泉，所以希望能够和弟弟住在一起，死的时候能看见弟弟，自己也能闭眼，死后魂魄也有依凭。

所以，"伏乞尽削臣官，放归田里，赐弟散职，令在朝廷"。他希望能把自己的官位全部削除，以此换得弟弟能够回到京城为官，言辞恳切，因为弟弟是他最亲的亲人了。他几乎再没有别人了。

这道表是上于 760 年冬或者 761 年春，当时王缙或者仍在蜀州做刺史，或者是刚刚调任凤翔，但是王维尚且不知道他调任的事。

王维死于 761 年，死的时候，没有赶上见弟弟一面。

大梦一场把家回

秋夜独坐

独坐悲双鬓，空堂欲二更。

雨中山果落，灯下草虫鸣。

白发终难变，黄金不可成。

欲知除老病，唯有学无生。

独自安坐，双鬓已白，让人生悲。秋夜空堂，已经将近二更。一阵秋雨，打落山间野果，草虫绕灯低鸣。白发到底是无法变黑，炼丹仙药也至今未成。想知道怎么去除衰老和疾病吗？只有学佛才能无灭无生。

上元二年（761 年），王维六十一岁。他自觉时日无多，身体衰朽，选取了二十首诗，成诗集一本，名之曰《辋川集》。

他躺在自己的床上，安安静静。他一生都活得安安静静。他自知时至，《旧唐书·王维传》云："临终之际，以缙在凤翔，忽索笔作别缙书。又与平生亲故作别书数幅，多敦厉朋友奉佛修心之旨，舍笔而绝。"王缙按照代宗皇帝的敕命，把能收集到的王维诗文编成十卷，刊行于世。

王维求佛一生，不知道有没有求到。也不知道他有没有寻见他的本来面目。他是一个安静的旅人，一直行走在他自己的精神世界。他的寻找是安静的，失落是安静的，悲伤是安静的，疼痛是安静的，相思是安静的，苦楚是安静的，快乐是安静的。

　　诗和佛，成了他的两大拄杖，让他有话可以说出来，让他有苦可以安静地咽下去。他在寻找生命真谛的过程中，验证了佛家的一个理念：即俗即真，即凡即圣，即色即空，火中生莲花，烦恼即菩提。

　　他在路上追求生命真谛的过程中，他追求的过程也是他的目的。他就这样行走一生，日日是好日，步步起清风。

　　如今，王维终于网罗得脱，大梦一场把家回。

后记：山中发红萼，纷纷开且落

王维一生，走过了大唐的由盛到衰。六十年人生，经历了大时代的沧桑巨变，而大时代的沧桑巨变就像巨大的鸟巢，也孵育出了王维。

不光孵育出了王维。

也孵育出了一生颠沛的杜子美，壮志未酬的李白，苍凉雄阔的高适，和许许多多在诗的天空闪耀的名字。

杜甫的诗顿挫沉郁，李白的诗潇洒狂浪，高适的诗沙随风起，王维的诗，怎么说呢，不冷，不傲，不狂，不沉郁。

他的诗是一泓静静的水。

谁和他争他也不想争，他和谁争他也不屑，他用一种孤独的姿态，写着一种貌似孤独却内心无比丰富优雅的诗。

他有安静的底气和优雅的资本。

他少年得志，进士及第，春风得意。

他仕途平缓，不见风波与流离。

他不缺衣食柴米，不少被人看重的心性与资质。

他一生华丽，却安于落寂，如山中发红萼，纷纷开且落。

幸亏他写诗，诗句把情绪固定下来，否则，他的一切真的只如开在山中的木末芙蓉花。

他乐于悠闲，安于孤独。

真正的孤独，并不指悲怆的生存或精神状态，而是心灵的丰富和宁静，心态的健康和和谐交织而成的一种人格状态。精神世界越丰富的人，越安于孤独，即使独处，也不以为苦，因为还有自己伴随自己，而且更愿意沉浸于自己的遐思。

不安于孤独的人，你让他行到水穷处，坐看云起时，他也不肯去，去也不觉有什么美。安于孤独的人，随处趺坐，闭上眼睛，瞬息间已行过千山万水，是真正的"行到水穷处，坐看云起时"。

像一树开在山间的花朵，做一个行走到世界末端与初起之处的人，自愿孤独的人，不可悲而可羡。因为他的国土富足，不需要外界声色犬马、功名利禄。

就像王维。

本书文笔沉静优美，把一个生动的王维搁在风起云涌的大时代，让他在笔下重新生活了一次。

让我们重新领略他的一生，看见他的纯白、干净、淡然和孤寂。